MAYA RULERS OF TIME
LOS SOBERANOS MAYAS DEL TIEMPO

A Study of Architectural Sculpture at Tikal, Guatemala

Un Estudio de la Escultura Arquitectónica de Tikal, Guatemala

Arthur G. Miller

Published by
THE UNIVERSITY MUSEUM
1986

The University Museum wishes to express its gratitude to the following for their support of this volume and the exhibition "Time and Rulers at Tikal: Architectural Sculpture of the Maya": The National Endowment for the Humanities, The National Endowment for the Arts, The Tinker Foundation, Inc., The Quaker Chemical Foundation, and the Jay Kislak Philanthropic Fund.

We also want to thank in particular ARA Services Inc., Mr. Thomas Akins, Jr., Ms. Lynn Attardi, Ms. Linda Baughman, Mr. Milton Betelle, Mr. John Bick, Mr. Frank Binswanger, G. Burkett, Mr. Daniel Cottler, Mr. and Mrs. Wilton R. Danien, Ms. Diane De Giacomo, Mrs. Helen Dechert, Ms. Jean Dempewolf, Mr. Roger Dietz, Mr. and Mrs. Frank Elliott, Ms. Gilda Ellis, W. Ferguson, Mrs. Emilie Gaither, Ms. Terrie Gelberg, Mr. Daniel Gibson, Mr. William Gibson, Mr. John Harris, Margaret Harris, Mr. Edwin Kalan, Ms. Doris Larson, Mr. David Levin, Mr. Francis Ludwig, Mr. and Mrs. Robert F. Maxwell, Mr. Alan McClelland, Mr. John McKevitt, Mr. Robert McQuiston, Shimon Mednick, Ms. Shirley Pethes, Mr. Anthony Ridgway, Mr. Pablo Romero, Madeline Scott, Dr. Jeanne Sweeney, Dr. and Mrs. Luther Terry, Jacqueline Townsend, Miss Caroline Wittman, Ms. Laura Zaika and Mrs. C. Clark Zantzinger.

Finally, we are grateful to other generous donors who provided many forms of support to make this exhibition possible.

Library of Congress Cataloging-in-Publication Data

Miller, Arthur G., 1942—
    Maya rulers of time.

    English and Spanish.
    Bibliography: p. 95
    1. Mayas—Architecture. 2. Tikal Site (Guatemala)
3. Mayas—Antiquities. 4. Guatemala—Antiquities.
5. Indians of Central America—Guatemala—Antiquities.
I. University of Pennsylvania. University Museum.
II. Title. III. Title: Soberanos mayas del tiempo.
F1435.3.A6M6518   1986   972.81'01   86-7010
ISBN 0-934718-79-2

IN MEMORY OF TATIANA PROSKOURIAKOFF
AND TO GEORGE KUBLER WHO TAUGHT
ME TO LOOK AT TIME

A LA MEMORIA DE TATIANA
PROSKOURIAKOFF
Y PARA GEORGE KUBLER QUIEN ME
ENSEÑÓ MIRAR EL TIEMPO

CONTENTS

INDICE

LIST OF ILLUSTRATIONS

LISTA DE ILUSTRACIONES

FOREWORD

Robert H. Dyson, Jr.

Almost since The University Museum's founding in 1887 the study of the Maya, their language, customs and religion, and their archaeological past, has been a focus of interest for scholars associated with the Museum. As early as 1895 Henry Mercer visited sites in the area for the Museum, while in 1913 Robert Burkitt began his 30-year study of the Kekchi branch of the Maya. In 1930 the Museum undertook one of the first aerial photographic surveys of Maya sites with the help of J. Alden Mason, Curator of the American Section, and Percy C. Madeira, Jr., later President of the Museum's Board of Managers for many years. In 1931, with the financial support of Philadelphian Eldridge Johnson, Alden Mason and Linton Satterthwaite, Jr., led a major expedition to the Usumacinta River in Guatemala to excavate the Maya site of Piedras Negras ("Black Stones"). The excavations which continued to 1939 uncovered a wealth of architectural remains, beautifully carved stelae and altars, and many small artifacts. Four of the stelae, weighing four or five tons each, were loaned for many years to The University Museum. After the Second World War three were returned to the Guatemalan Museum. One remains on extended loan in Philadelphia in exchange for the loan to Guatemala of a number of valuable gold objects from The University Museum's collection.

In 1956 The University Museum undertook the largest, most complex, and most expensive project in its history at the great Maya city of Tikal. This program was underwritten by the Guatemalan government, by American foundations (the Scaife, Avalon, Rockefeller Brothers and National Science Foundation), and by the great generosity of Mr. and Mrs. Alan Scaife and Mr. and Mrs. John Dimick. The expedition was led by Edwin M. Shook, Aubrey Trik and William R. Coe. From time to time Linton Satterthwaite, Jr., participated, and in 1962 I served as Director.

Work at Tikal was made physically possible by the construction of an airstrip in 1950, built by the Guatemalan Air Force. For the first time it became feasible to bring in machinery, men and supplies, and to build a base camp. This was done in 1956 and the work of jungle clearance, excavation and restoration got under way—to end over fifteen years and one million dollars later.

In the course of its work the expedition surveyed 16 square kilometers of jungle, including hundreds of clusters of small structures in addition to the five great temples, platforms and palaces. Some one hundred and fifty carved stone stelae were uncovered. These, combined with a series of radiocarbon dates from samples of work taken from temple lintels, provided the necessary evidence to settle the dispute over the correlation of the Maya and Christian calendars—confirming the pro-

PREÁMBULO

Robert H.Dyson, Jr.

Casi desde que se fundó The University Museum de la Universidad de Pennsylvania en 1887, el estudio de los mayas (su lenguaje, costumbres, religión, y su pasado arqueológico) ha sido un enfoque de interés de los académicos asociados con el Museo. A principios del año1895 Henry Mercer visitó centros de la región maya para el Museo, mientras que en 1913 Robert Burkitt comenzó sus 30 años del estudio de los mayas Kekchi. En 1930 el Museo emprendió una de las primeras prospecciones fotográficas aéreas de los centros mayas con la ayuda de J. Alden Mason, Curador de la Sección Americana, y Percy C. Madeira, Jr., quien después sería presidente del Consejo Administrativo del Museo por muchos años. En 1931, con el apoyo financiero de Eldridge Johnson de Philadelphia, Alden Mason y Linton Satterthwaite, Jr., guiaron la primera expedición al Río Usumacinta en Guatemala para excavar el centro maya de Piedras Negras. Las excavaciones, donde se descubrió una riqueza de reliquias arquitectónicas, estelas bellamente esculpidas, altares y muchos artefactos pequeños, continuaron hasta 1939. Cuatro de las estelas, cada una de la cual que pesa 4 ó 5 toneladas, fueron prestadas por muchos años al Museo. Después de la Segunda Guerra Mundial tres de ellas fueron devueltas al Museo de Guatemala. La otra permanece en The University Museum, en cambio de un préstamo que se le hizo a Guatemala de un número de valiosos objetos de oro de la colección del Museo de la Universidad de Pennsylvania.

En 1956, el Museo emprendió el proyecto más grande, complicado y caro en su historia: la excavación de la gran ciudad maya de Tikal. Este programa fue infrascrito por el Gobierno de Guatemala, por fundaciones americanas (la Scaife, Avalon, hermanos Rockefeller, y la National Science Foundation) y por la gran generosidad del Señor Alan Scaife y Señora, y Señor John Dimick y Señora. La expedición fue guiada por Edwin M. Shook, Aubrey Trik y William R. Coe. De vez en cuando Linton Satterthwaite, Jr. participó y en 1962 el presente director del Museo fue director de excavaciones por un año.

Se facilitó el trabajo en Tikal por la construcción en 1950 de un campo de aterrizaje por la Fuerza Aérea Guatemalteca. Esto hizo factible por primera vez llevar maquinaria, hombres y víveres para construir un campamento. Esto se llevó acabo en 1956; también se emprendió la limpieza de la selva, las excavaciones y restauraciones, concluyendo 15 años más tarde al costo de un millón de dólares.

En el transcurso de este trabajo la expedición ins-

posed Goodman-Thompson correlation. At the same time this unique set of monuments with their known archaeological contexts provided a unique corpus for the piecing together of glyphic material, leading to increasing understanding of the historical content of these inscriptions. Combined with the recovery of the stelae and their associated architectural remains was the uncovering of a series of tombs of rulers of Tikal set below the temples. The tombs, stretching in time over the whole history of the site from 600 B.C. to after A.D. 900, were filled with beautiful pottery vessels, flint, jade and other objects and, on occasion, skeletons of individuals sacrificed to the dead. (This material resides permanently within Guatemala in accordance with the original agreement made with the Guatemalan government.)

The analysis and publication of the results of this project, itself a monumental task, has been proceeding slowly through the publication of a number of volumes of the *Tikal Reports*. In the absence of the complete series, however, much of the most interesting information about Tikal remains available only in very preliminary form. One aspect of this material currently under study is the relationship of architectural sculpture and glyphic remains to structures and how these relationships reflect the social and political realities of the world that gave them birth. The current exhibition presents through models and photographs a selection of the known data for the central part of Tikal. The following study is an eminent scholar's view of how the data may be interpreted. The subject is necessarily hypothetical and to some extent controversial. It illustrates the interaction between controlled hypothesis and observed fact that is fundamental to the creation of new knowledge. The public is invited to join this process through his or her own process of independent thought and observation.

peccionó 16 kilómetros cuadrados de la selva incluyendo cientos de grupos de estructuras pequeñas en adición a los cinco grandes templos, plataformas y palacios. Se encontraron ciento cincuenta estelas de piedra. Estas, combinadas con una serie de datos carbón 14 proveídos de muestras tomadas de los dinteles de madera, dieron la evidencia necesaria para concluir la disputa acerca de la correlación entre los calendarios maya y cristiano, confirmando la correlación propuesta por Goodman-Martinez-Thompson. A la vez, esta colección de monumentos únicos, con el contenido arqueológico conocido, provee un conjunto de datos para llegar a un mejor entendimiento del contenido histórico de estas inscripciones. Junto con el rescate de las estelas y sus restos arquitectónicos asociados se descubrieron una serie de tumbas de los reyes de Tikal debajo de los templos. Estas tumbas, que se extienden temporalmente por la historia del centro (desde 500 a.C. hasta 900 d.C.), contenían vasijas de cerámica bellísimas, perdenales, jades y otros objetos. Ocasionalmente se encontraron en ellas los esqueletos de individuos sacrificados al soberano difunto.

El análisis y publicación de los resultados de este proyecto, en sí, es una tarea monumental; se ha procedido lentamente con la publicación de un número de volúmenes de Tikal Reports. Con la ausencia de una serie completa, sin embargo, la mayoría de la información más interesante queda disponible en forma preliminaria. Un aspecto de la materia que actualmente se estudia es la relación entre los restos glíficos y esculturales a las estructuras arquitectónicas. La cuestión fascinante es la manera en que estas relaciones reflejan las realidades sociales y políticas del mundo maya. La presente exhibición muestra por medio de maquetas y fotos una selección de los datos conocidos de la parte central de Tikal. El estudio que sigue es la interpretación de los datos disponibles por un académico eminente. El tema es necesariamente hipotético y hasta cierto punto controversial. Se ejemplifica aquella interacción creativa entre la hipótesis controlada y los hechos empíricos lo cual es fundamental a la creación del conocimiento nuevo. El visitante está invitado a reunirse a este proceso a través de su propio pensamiento y observación.

THE REVOLUTION IN MAYA STUDIES

Christopher Jones

As Miller points out in his preface, Tatiana Proskouriakoff demonstrated in 1960 that the undeciphered hieroglyphic texts of the Classic Maya civilization were records of the histories of rulers. The carved human figures were proven to be portraits of real people and the inscriptions carried the dates of inaugurations, births, deaths and military exploits. Four years before, the University of Pennsylvania had begun one of the longest and most thorough excavation programs in Maya archaeology: the Tikal Project. These two independently conceived undertakings of decipherment and excavation acted together to transform our conception of the Maya civilization. They removed the culture from the realm of the mysterious, of interest only to archaeologists, romantics and believers in Atlantis, into the ranks of a "world-class civilization" whose great kings are known by name, portrait and dates and whose now-restored temples are as awe inspiring as those of Sumer and Egypt.

In the last few years, Mayanists have found themselves sought out by colleagues formulating theories of the evolution of civilizations. It came to be realized that the Maya sites were yielding up an unprecedented treasure of sound data which is less available from the often heavily looted ruins of the Old World. Not only that but the separate items of information were set into an exceptionally firm chronological framework because of the Maya concern with the calendar and the placing of hieroglyphic dates on so many things.

From the beginning of the Tikal Project in 1956, the scale of the investigation matched that of the site itself. The first major result was the map published in 1961 as *Tikal Report No. 11*. Sixteen square kilometers of difficult jungle terrain was surveyed for all signs of cultural activity and the resulting map sheets envelop the grandiose temple and palace structures of the site center with a rich helter-skelter of house compounds set thickly along the ridges and well-drained terrain. Population estimates based on the map were of the order of 20,000 people but increased to 50,000 or 70,000 when mapping was extended in strips out to ten kilometers from the center. For the first time we possessed a picture of what a Classic Period Maya community looked like, one which could be compared profitably with urban centers elsewhere.

Another important result of the Project work was an appreciation of the dynamic growth of Maya religious architecture. This came about through the intensive excavation of the North Acropolis and Great Plaza area by William R. Coe, the scale and carefulness of which can be appreciated in the photographs and drawings in the current exhibition. The wealth of Maya art unearthed is

LA REVOLUCIÓN EN LOS ESTUDIOS MAYAS

Christopher Jones

Como Miller hace notar en el prefacio, Tatiana Proskouriakoff demostró en 1960 que los textos jeroglíficos no descifrados de la civilización clásica maya eran historias personales de los soberanos. Se comprobó que las figuras humanas esculpidas representan verdaderas personas y que las inscripciones llevan fechas de inauguraciones, nacimientos, muertes y hazañas militares. Cuatro años antes, la Universidad de Pennsylvania había comenzado uno de los programas arqueológicos más vastos y completos en la arqueología maya: el Proyecto Tikal. Estos dos empeños concebidos independientemente, el descifre y la excavación, juntos transformaron nuestro concepto de la civilización maya. Ellos apartaron esta cultura del dominio de lo misterioso, de interés solamente para los arqueólogos, románticos y creyentes en Atlántida, a la categoría de "civilizaciones de clase mundial" de las cuales los grandes reyes se conocen por nombre, retrato y fechas y cuyos templos ahora restaurados infunden tanto asombro como los de Sumer y Egipto.

En los últimos años, otros antropólogos en su intento de formular teorías acerca de la evolución de las civilizaciones, han consultado a los mayistas. Se hizo obvio que los centros mayas rinden un tesoro de información sin precedente, lo cual está menos disponible en el Viejo Mundo a causa del gran saqueo de sus ruinas. Además de eso, muchos de los datos informativos están fijados dentro de una cronología excepcionalmente firme a causa de la preocupación maya con el calendario y la grabación de fechas calendáricas en tantas cosas.

Desde el comienzo del Proyecto Tikal en 1956, la escala de las investigaciones igualó el tamaño del centro. El primer resultado importante fue el mapa publicado en 1961 como el Tikal Report No. 11. Se inspeccionaron dieciséis kilómetros cuadrados de difícil terreno selvático en busca de cualquier rasgo de actividad cultural. El mapa resultante abarca los templos y palacios grandiosos de Tikal al igual que un abundante desorden de conjuntos de casas ubicadas a lo largo de las lomas y en terreno bien desaguado. Estimaciones de la población del núcleo de Tikal hechas a base del mapa alcanzaron hasta 20,000 almas. Cuando se extendió el mapa para incluir brechas 10 kilómetros de largo desde el centro, la estimación del número de habitantes de Tikal aumentó a unos 50,000 ó 70,000 individuos. Por primera vez teníamos una idea de la aparencia de una comunidad maya del Período Clásico, una que se

unprecedented: great stucco masks, tomb paintings, and exquisite jade and ceramic pieces from the tombs. Less obvious, however, is the achievement of a strict stratigraphic and chronological control which the excavation and recording techniques exerted on the information, tying it all together into an integrated picture of a slowly emerging and ever-changing aesthetic.

Decipherment of the Maya hieroglyphic writing system added another dimension to the excavation program of the Tikal Project. With the discovery of the names of rulers and their connections to inaugural dates, some of the tomb occupants could be identified as known rulers. This information not only allowed specific dates to be attached to tombs and their contents, to funerary temples, and to associated plaza floorings and other architecture, but also allowed for connections between construction episodes and the biographical history of individual rulers. Human motive and taste could begin to enter into the evaluation of what had to be previously a pure "cultural history." Furthermore, out of the many names of kings and other historical material we can recognize that the Maya wrote not just in ideographs but also phonetically in syllables similar to those of Sumerian, Babylonian and Egyptian. Thus, Maya scholars are plunging into the undeciphered portions of the ancient texts and are beginning to recognize new statements covering initiation ceremonies for nobles, genealogy, mythological origins of dynasties, warfare and capture, and astronomical and numerological prognostication.

Hieroglyphic studies are being aided by methodical drawing projects such as Ian Graham's *Corpus of Maya Hieroglyphic Inscriptions* (Peabody Museum, Harvard University) and the University of Pennsylvania's Tikal and Caracol volumes. Still locked within this new inscriptional material there lies great potential for the analysis of Classic Maya political structure, regional interrelationships, religious and astrological concepts, and the role of personality in the shaping of Maya history.

Essential to our perception of the Tikal rulers as political creatures is the search for a sound economic base for their considerable power. Although the monuments and inscriptions express images of that power, almost nothing survives to tell us whether it was based on grain surplus or trade. The project excavations do show, however, that Tikal did not develop in a vacuum. The contents of Early Classic tombs made it clear that the Tikal rulers looked to other regions for aesthetic inspiration, especially to the much larger and more carefully laid out metropolis of Teotihuacán in central Mexico. Recent studies of that contemporary center have suggested that it was supported by a true agricultural civilization based on irrigation and grain surplus. Although Maya agriculture has been shown to have been more intensive and complex than previously thought for its jungle setting, nevertheless Tikal and the other major centers do not seem to be located in the most agriculturally productive zones of the Maya lowland area. The question of whether

podía comparar provechosamente con otros centros urbanos.

Otro resultado importante del trabajo hecho por el Proyecto fue una apreciación del desarrollo dinámico de la arquitectura religiosa maya. Esto fue el resultado de la excavación intensiva de la Acrópolis Norte y la Plaza Mayor por William R. Coe, cuya escala y cuidado de obra se pueden apreciar en las fotografías y dibujos en la exhibición corriente. La riqueza del arte maya desenterrado por las excavaciones es sin precedente: grandes mascarones de estuco, pinturas en las tumbas, jades preciosos y piezas de cerámica de las tumbas. Pero es menos obvio que por medio de las técnicas de excavación usadas, se logró una estratigrafía estricta y un control cronológico. El resultado es la conceptualización de la estética maya lentamente emergiendo pero siempre en proceso de cambio.

El descifre del sistema de la escritura jeroglífica maya añadió otra dimensión al programa de excavaciones del Proyecto Tikal. Con el descubrimiento de los nombres de soberanos y las conexiones con fechas inaugurales, se pudieron identificar algunos de los entierros en las tumbas como esos de soberanos conocidos. Esta información no solamente permitió que fechas específicas se asociaran con las tumbas y sus contenidos, con los templos funerarios y plazas asociadas, sino que también permitió una conexión entre episodios de construcción y la historia personal de monarcas individuales. Por primera vez se puede evaluar el papel que desempeña la motivación y gusto humano en lo que anteriormente era pura "historia cultural". Además, fuera de los muchos nombres de reyes y otro material histórico, podemos reconocer ahora que los mayas escribían no solamente ideográficamente sino también fonéticamente en sílabas, un sistema similar a los de Sumer, Babilonia y Egipto. Algunos mayistas están estudiando las porciones no descifradas de textos antiguos y han comenzado a reconocer nuevas afirmaciones cubriendo las ceremonias de iniciación para los nobles, genealogías, orígenes míticos de las dinastías, combates, capturas y prognosticaciones astronómicas y numéricas.

Los estudios jeroglíficos están ayudados por proyectos de dibujo metódico como el Corpus of Maya Hieroglyphic Inscriptions (Peabody Museum, Harvard University) por Ian Graham y los volúmenes sobre Caracol y Tikal por la Universidad de Pennsylvania. Hay un gran potencial en este nuevo cuerpo de inscripciones que todavía no ha sido realizado—un potencial para poder analizar la estructura política, interrelaciones regionales, conceptos religiosos y astrológicos de los mayas del Período Clásico, y el papel que desempeña la personalidad en la formación de la historia maya.

or not the rulers of Tikal derived their power instead (and eventually lost it forever) from the monopolization of trade from Central America to highland central Mexico can only be approached through the on-going analysis of the Tikal data within the larger ecological and social environments of the time. Certainly Tikal was situated on a perfect strategic location from which to control the flow of goods from east to west on the rivers at the base of the Yucatan Peninsula. New excavation projects, especially at El Mirador, the enormous predecessor to Tikal, at the several Tikal-related sites in Belize, and in Copan, Quirigua and other centers of the southwestern Maya periphery, are telling us much about Tikal's position within the Classic Maya world.

The following text and the exhibition itself are examples of what has begun to emerge out of the recent accumulation of new facts in Maya archaeology. By utilizing perceptions of rulership which only very recently have become clear through decipherment and also by drawing upon the Tikal Project's recently completed excavation reports, Miller has integrated two seemingly unrelated bodies of data, the calendar and temple architecture. First, he suggests that the Maya perception of a lineal march of time was superimposed upon an older Mesoamerican fascination with time's cyclical nature. Then, he shows that in the early periods Tikal temple architecture was decorated with mask images of the great cyclical forces of nature such as the Sun God and in the later period with images of the rulers themselves, whose right to rule depended on the lineal single-mindedness of dynasty. Miller argues that the early masks are images of an ancient Maya concept of kingship stressing a cyclically rotating office of rule rather than the person who fills that office. The subsequent emphasis on lineal calendars is interpreted as evidence of a conscious shift to the cult of the individual ruler at a time when sculptural portraits of and textual references to named rulers increased dramatically.

The explanation of observed developments as exemplified in the following text serves to carry forward the revolution in Maya studies. It sets the civilization into a more humanized image in our minds, one in which real human beings similar to ourselves are engaged in real political and economic situations requiring all the same kinds of decisions about image and communication that confront people today. To me, this should be the central goal of archaeology in this century, to objectify, explain, and humanize the past so that it can be used by us in the present to shape the future.

La búsqueda de una base económica firme del considerable poder de los líderes mayas es esencial para nuestro entendimiento de los soberanos de Tikal como criaturas políticas. Aunque los monumentos e inscripciones expresan imágenes de ese poder, casi nada sobrevive para decirnos si éste estuvo basado en el exceso de granos o en el comercio. El proyecto de excavaciones nos muestra que Tikal no se desarrolló en un vacío. Los contenidos de las tumbas del Período Clásico Temprano demuestran que los soberanos de Tikal buscaban en otras regiones para su inspiración estéctica, especialmente en la metrópolis más grande y mejor trazada como la de Teotihuacán en el México central. Estudios recientes de ese centro contemporáneo sugieren que se sostenía por una verdadera agricultura basada en irrigación y exceso de granos. Aunque se ha demostrado que el sistema de agricultura maya era más complejo de lo que se había pensado debido a su establecimiento selvático, Tikal y otros centros mayores de las tierras bajas mayas no se ubicaron en las regiones más productivas. La pregunta si el poder de los líderes de Tikal derivaba del monopolio del intercambio de bienes desde la América Central hasta México central se puede enfocar solamente por el análisis de los datos de Tikal dentro del ambiente ecológico y social de su época. Ciertamente Tikal estaba estratégicamente ubicado para controlar el movimiento de bienes del este al oeste en los ríos de la base de la Península de Yucatán. Nuevos proyectos de excavación, especialmente en El Mirador (el enorme antecesor de Tikal), en varios sitios relacionados con Tikal en Belice, en Copán, Quiriguá y otros centros de la periferia suroeste de los mayas nos revelan mucho acerca de la posición de Tikal dentro del mundo clásico maya.

El ensayo siguiente, como la exhibición misma, son ejemplos de lo que ha comenzado a emanar de la acumulación de datos nuevos en la arqueología maya. Por medio de la utilización de percepciones de la soberanía (las cuales solamente ahora se han clarificado a través del descifre de textos jeroglíficos) y también el uso de los informes completos de la excavación del Proyecto Tikal, Miller ha integrado dos cuerpos de información aparentemente desasociados: el calendario y la arquitectura del templo. Primero, él sugiere que la percepción maya de una marcha lineal del tiempo fue sobrepuesta a una fascinación más antigua maya con la naturaleza cíclica del tiempo. Entonces él demuestra que en los períodos tempranos la arquitectura del templo de Tikal estaba decorada con mascarones de las grandes fuerzas cíclicas de la naturaleza como el Dios Sol y en el período más tarde con imágenes de los soberanos mismos, quienes funcionaron dentro de un sistema de gobierno dinástico. Miller afirma que los antiguos mascarones son imágenes de un viejo con-

cepto maya de la soberanía que enfatiza un oficio de mando que rota cíclicamente en vez de una persona que ocupa ese puesto. El subsecuente énfasis en los calendarios lineales se interpreta como evidencia de un cambio consciente al culto del gobernante individual en un tiempo cuando retratos esculturales de, y referencias en textos a, gobernantes específicos aumentó dramáticamente.

La explicación de desarrollos observados como se ejemplifican en el texto siguiente sirve para llevar adelante la revolución en los estudios maya. Coloca la civilización en un imagen más humanizado en nuestra mente—uno en el cual verdaderos seres humanos parecidos a nosotros están envueltos en situaciones políticas y económicas que requieren los mismos tipos de decisiones sobre el imagen público y la comunicación que enfrenta a la gente hoy en día. Para mí, esto debería ser la meta principal de la arqueología en este siglo: objetificar, explicar, y humanizar el pasado para que así se pueda usar el pasado para darle forma al futuro.

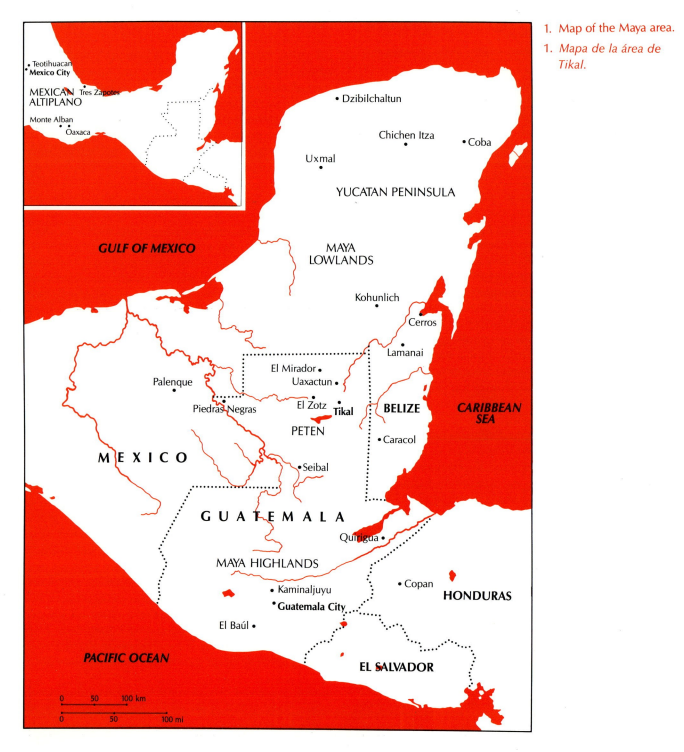

1. Map of the Maya area.

1. *Mapa de la área de Tikal.*

PREFACE

In 1960, Tatiana Proskouriakoff found a way to prove that the subject matter of Maya stelae was rulership. Since then, Mayanists everywhere have accepted Proskouriakoff's innovative thesis and have uncovered new supporting evidence for her ground-breaking research.

I happen to have been fortunate enough to be at Harvard during the period Tania took on students. Along with Eric Thompson, Tania Proskouriakoff was one of the few Carnegie Institution Maya scholars who regarded the study of Maya art as a neglected and highly effective means of interpreting Maya civilization. Her example has stimulated a generation of scholars who write about Maya art.

Tania was best as a tutor or in a seminar. In these contexts she probed one's basic assumptions. When I suggested that a complex and esoteric religion based on the calendar was the primary motivation for most of Maya art and that we have not begun to fathom the complexity of Maya religion, Tania would counter with the observation that the Maya never made anything of significance without political motivation. She believed that a more direct approach to understanding the Maya would be to reconstruct their sociopolitical world. Having been personally affected by one of the most momentous political changes of this century (Tania was Russian, the daughter of an official to the United States from the Karenski government), her political interpretation of Maya art and writing reflected personal as well as scholarly reality. Since those years as Tania's student, I have gradually come around to her emphasis on a political interpretation of public art, although I still maintain that the ancient Maya were a deeply religious people and that their imagery is replete with sacred implications phrased in calendrical terms. In fact, there is no conflict for the separation of religion and rulership is fairly recent, responding to modern Western taxonomy.

The following study represents a stage of development toward Tikal Report No. 36, "The Art of Tikal in Archaeological Contexts." It argues that not only stelae but also architecture and its sculpture embody a Maya concern with a public proclamation of authority, couched in the calendrical terms of Maya religion. Here politics are my major concern. It is a theme inspired by long conversations with Tatiana Proskouriakoff.

Arthur G. Miller

PREFACIO

En 1960, Tatiana Proskouriakoff asombró al mundo académico cuando probó que el contenido de las estelas mayas concernía la soberanía. Desde entonces todos los mayistas han aceptado la inovadora tesis de Proskouriakoff, descubriendo nueva evidencia que respalda sus investigaciones originales.

Tuve la fortuna de estar en la Universidad de Harvard durante el período quando ella enseñaba. Junto con Eric Thompson, Tatiana Proskouriakoff fue una de las pocas académicas de la Institución Carnegie quien vió el estudio del arte maya como un modo olvidado pero aún eficaz de interpretar la civilización maya. Su énfasis en la interpretación política del arte maya ha estimulado a una generación de eruditos que estudian esta cultura.

Tania como tutora y oradora era ejemplar, penetrando las concepciones básicas de uno. Cuando yo sugerí que una religión compleja y esotérica, basada en un calendario, era la motivación primaria de la mayor parte del arte maya y que no hemos comprendido a fondo la complejidad de la religión maya, Tania respondió con la observación que los mayas nunca hicieron nada significativo sin motivación política. Pensó ella que un mejor enfoque para entender los mayas sería la reconstrucción de su mundo socio-político. Habiendo sido afectada personalmente por uno de los más importantes cambios políticos de este siglo (Tania era la hija de un oficial ruso del gobierno Kerenski a los E.E.U.U.), su interpretación política del arte maya reflejó su realidad personal y erudita. Durante esos años que fuí estudiante de Tania, gradualmente acepté su énfasis en una interpretación política del arte público. Sin embargo, todavía mantengo mi opinión que los antiguos mayas eran profundamente religiosos y que sus imágenes están repletas de implicaciones sagradas formuladas en términos calendáricos. En hecho, la separación de la religión y la soberanía es relativamente reciente, respondiendo a una taxonomía de la cultura occidental moderna.

El texto que sigue representa una etapa en el desarrollo hacia el Tikal Report No. 36, "The Art of Tikal in Archaeological Contexts". Este sostiene que no sólo las estelas, sino también la arquitectura y la escultura incorporan una preocupación maya con una proclamación pública de la autoridad, expresada en los términos calendáricos de la religión maya. Aquí la política es mi mayor interés. Este es un tema derivado de largas conversaciones con Tatiana Proskouriakoff.

Arthur G. Miller

ACKNOWLEDGMENTS

This work would not have been possible without the help of several individuals and institutions. I am grateful to William Coe for our stimulating conversations on Tikal since my association with the Tikal Project began in 1968. It is Coe's meticulous knowledge of the North Acropolis and Great Plaza (soon to be published by The University Museum as Tikal Report No. 14) that has provided the substantive basis for the hypotheses presented in the following pages. Although we disagree on several points, the work of Christopher Jones on parentage statements in the Classic Maya inscriptions (1977) and that of Clemency Coggins on painted pottery (1975) have been fundamental to this study of Tikal rulership. Christopher Jones contructively criticized preliminary versions of this text, and Bernard Wailes read over a penultimate version with his keen editorial eye. I have benefited from discussions on portions of the text with Marshall Becker, Ruben Reina and Robert Sharer. Special thanks are due Sharer for his masterful summary of ancient Maya cultural development, published here as an appendix.

I am grateful to Janet Berlo who encouraged me to develop my ideas on the relationship between text and image in pre-Columbian art by organizing a symposium on the topic for the 44th International Congress of Americanists held in Manchester in 1982. The comments in response to my paper delivered at that meeting, particularly those of Gordon Whittaker, have stimulated my thinking about writing and image-making (Miller 1983a). I have also profited from comments by David Freidel, Linda Schele and George Stuart, who heard a preliminary version of my ideas on Tikal architectural sculpture presented in Chicago during a symposium of the 1983 American Anthropological Association meetings (Miller 1983b). David Stuart pointed out the curious lack of Long Count dates on all Tikal twin-pyramid group stelae, thereby stimulating me to account for this calendrical pattern as a self-conscious attempt on the part of the Late Classic Tikal dynasts to make reference to an older, long-established concept of calendar and rule, a pattern supported by the architectural symbolism of the twin pyramid groups. My colleague at the University of Maryland, June Hargrove, made me aware of the political use of French 19th-century war monuments to alter public perceptions of historical events, thereby providing a comparative example of how public monuments can change the past. I also received useful commentary on what appears here as Chapter II from the Ethnohistory Workshop at the University of Pennsylvania during December of 1985. The shortcomings that may appear in the following pages, particularly the going out on a limb of the proverbial tree to get what from my perspective appeared to be the best intellectual fruit, are my own.

Former University Museum Director Martin Biddle initially supported the idea of a Tikal exhibition based on

AGRADECIMIENTOS

Esta obra no hubiese sido posible sin la cooperación de varios individuos e instituciones. Estoy agradecido a William Coe por sus conversaciones estimulantes acerca de Tikal desde que me asocié con el Proyecto Tikal en 1968. El conocimiento meticuloso de Coe de la Acrópolis Norte y la Plaza Mayor (se publicará por The University Museum de la Universidad de Pennsylvania como Tikal Report No. 14) provee la base substantiva para las hipótesis que se encuentran en las páginas siguientes. Aunque no estamos de acuerdo en algunos puntos, el estudio de Christopher Jones del abolengo (1977) y el de Clemency Coggins de la alfarería pintada (1975), han sido fundamentales a esta tesis de la soberanía de Tikal. Jones criticó constructivamente las versiones previas del texto, y Bernard Wailes editó la versión penúltima. Me he beneficiado de discusiones acerca del texto con Robert Sharer, Marshall Becker, y Rubén Reina. Le debo gracias efusivas a Sharer por su experto resumen del desarrollo cultural maya antiguo, publicado aquí como un apéndice.

Le agradezco a Janet Burlo quien me ayudó a desarrollar mis ideas acerca de la relación entre el texto y la imagen en el arte precolombino, organizando un simposio sobre este tópico para el XLIV Congreso Internacional de Americanistas, llevado a cabo en Manchester en 1982. Los comentarios en respuesta de mi informe presentado ahí, particularmente los de Gordon Whittaker, han estimulado mi pensamiento sobre la escritura y la fabricación de imágenes. (Miller 1983a). También me he beneficiado de los comentarios de David Freidel, Linda Schele y George Stuart, quienes escucharon una versión preliminar de mis ideas en un simposio de la American Anthropological Association en Chicago en el 1983 (Miller 1983b). David Stuart notó la falta curiosa de fechas de la Cuenta Larga en todas las estelas de los Complejos de Pirámides-gemelas ("twin pyramid groups") de Tikal. Esta observación me estimuló a explicar este patrón como un intento consciente de los dinastas de Tikal durante el Clásico Tardío, a referirse a un concepto antiguo del calendario y la soberanía. Este patrón lo respalda el simbolismo arquitectónico de los Complejos de Pirámides-gemelas. Mi colega de la Universidad de Maryland, June Hargrove, me hizo consciente del uso político de monumentos de guerra franceses en el siglo XIX para alterar la percepción pública de eventos históricos, así dando un ejemplo comparativo de cómo los monumentos públicos pueden cambiar el pasado. También recibí comentarios útiles, de lo que aquí aparece como el Capítulo II, en el Ethnohistory Workshop de la Universidad de Pennsylvania en diciembre de 1985. Defectos

Tikal art research originally headed by George Kubler. When Robert Dyson became Director in 1981, he supported the idea of an exhibition and a scholarly oriented publication on the preliminary work of the Maya Art Program, focusing on architectural sculpture at Tikal. (The Maya Art Program is a University Museum sponsored series of courses and seminars on Maya art and archaeology, including research leading to Tikal Report No. 36, "The Art of Tikal in Archaeological Contexts.") I am grateful for what he and his associate directors, Gregory Possehl and Lavon Bair, have done to make both a reality. Dyson also commented on an early version of the text, pointing out parallel relationships between Maya religion and rulership and those in ancient Mesopotamia.

Christopher Jones, American Section research specialist, Museum Events Coordinator Elin Danien and Exhibition Designer Jack Murray and his staff, Stephen Oliver, George Bucher, William Bucher and graphic artist Dan Famiglietti, were essential in making come to pass the show that illustrated the themes presented in the following text. Thanks go to architect Christopher Ray who worked from Tikal Project plans and elevations to make the 1:100 scale model of Central Tikal. What writer can fail to thank the publications people who made word into book? Publications Coordinator Barbara Murray, editor Jennifer Quick, proofreader Wendy Bacon and layout designer Marty Phillips were crucial in getting this work to press. Thanks are also due Sandra and John Lawrence for the Spanish translation. Carmen Chappell was responsible for editing the Spanish translation and for translating the captions into Spanish. She had help from Lupe Gonzalez and Ana Maria Keene.

Funding for the Maya Art Program and the 1986 Tikal exhibition and current publication came primarily from the National Endowment for the Humanities. Without this crucial support, the research, exhibition and publication on the Maya would not have been possible. The National Endowment for the Arts made major contributions to the Program as did the Tinker Foundation in New York City. Over the years the Quaker Chemical Company has supported our work. Private donors have also made contributions, too many of them to cite here. I would like to thank especially the generosity of Jay Kislak. All these private donors made it possible to accomplish our goals.

I owe special thanks to my friend and running partner, Greg Barnes, who, as captive audience, heard more than he wanted to hear about matters Tikal. My students at the University of Maryland also had no choice in listening about Tikal things, and they deserve more than their grades for hearing me out.

George Kubler first suggested that I look at Tikal architectural sculpture. The shapes of time I have seen owe much to this vast intellectual legacy. Finally, I gratefully acknowledge the constant encouragement and insightful criticisms of my wife, Nancy Farriss, throughout the conception of the ideas expressed here and the writing of this text.

AGM

que pudieran aparecer en las páginas siguientes son míos; mis colegas no son responsables de mis excesos.

El director anterior de The University Museum, Martin Biddle, inicialmente respaldó la idea de una exhibición sobre Tikal basada en estudios del arte de Tikal originalmente encabezada por George Kubler. En 1981, Robert Dyson, el nuevo director del Museo, apoyó la idea de una exhibición y publicación de los resultados del Programa del Arte Maya, (una serie de cursos y seminarios acerca del arte y arqueología maya patrocinados por The University Museum), enfocando la escultura arquitectónica de Tikal. Estoy agradecido por lo que él y sus directores asociados, Gregory Possehl y Lavon Bair, han hecho posible para que la exhibición y publicación sean una realidad. Dyson también comentó sobre una versión temprana del texto, notando la relación paralela entre la religión y soberanía maya y su analogía en la Mesopotamia antigua.

Sin la cooperación de especialista investigador, Christopher Jones, Elin Danien, Coordinadora de los Programas Públicos del Museo, y el Diseñador de Exhibiciones, Jack Murray, y su personal (Stephen Oliver, George Bucher, William Bucher, y el artista gráfico Don Famiglietti) no se hubiese podido llevar a cabo esta exhibición. También doy gracias al arquitecto Christopher Ray quien trabajó con planos y elevaciones del Proyecto Tikal para construir una maqueta a escala 1:100 del centro de Tikal. ¿Cuál autor puede olvidarse de dar gracias a las personas en Publicaciones quienes transformaron la palabra a un libro? La Coordinadora de Publicaciones Barbara Murray, Redactora Jennifer Quick, Diseñadora de Presentación Marty Phillips y Redactora de copia Wendy Bacon aportaron su ayuda crucial para que esta obra se imprimiese. También doy gracias a Sandra y John Lawrence quienes tradujeron el texto al Español. Carmen Chappell redactó la traduccion del texto y también tradujo los títulos de las ilustraciones.

Los fondos para el Programa del Arte Maya, la exhibición y la publicacíon procedieron principalmente del National Endowment for the Humanities. Sin su apoyo crucial, las investigaciones, exhibición, y publicación no hubiesen sido posible. El National Endowment for the Arts hizo grandes contribuciones para el Programa, como también el Tinker Foundation de la ciudad de New York. A través de los años la Quaker Chemical Company ha apoyado nuestras labores. Varios donantes privados también han contribuído pero éstos son demasiado para poder citarse aquí. Me gustaría dar gracias especialmente a la generosidad de Jay Kislak. Todos estos contribuidores hicieron posible lograr nuestras metas.

Le debo gracias profundas a mi amigo y com-

2. The Mesoamerican 52-year cyclical calendar was based on two independent yet interrelated cycles charting out time as repeating epochs.

A 365-day "Vague Year" was composed of 18 months of 20 days each, plus five days at the end of each year. Although no leap year was used to keep the Vague Year even with the sun, the 365-day calendar clearly refers to the agricultural cycle.

A 260-day Sacred Round was made up of two smaller cycles of 13 numbers and 20 days. The particular combination of each day name and number made up the quality of the day, favorable or unfavorable.

2. El calendario cíclico de 52 años mesoamericano estaba basado en dos independientes pero correlativos ciclos que marcan el tiempo como épocas que se repiten.
Un "Año Vago" de 365 días se componía de 18 meses de 20 días cada uno, más cinco días al final de cada año. Aunque no se usaba un año bisiesto para mantener el Año Vago a la par con el sol, el calendario de 365 días claramente se refiere al ciclo agrícola.
Una Rueda Sagrada de 260 días se componía de dos ciclos más pequeños de 13 números y 20 días. La combinación particular de cada nombre de día y número creaban la calidad del día—favorable o desfavorable.

pañero de correr, Greg Barnes. Como un público cautivo, escuchó más de lo que quería sobre Tikal. Mis estudiantes en la Universidad de Maryland también no tuvieron otro remedio que escuchar sobre Tikal, y merecen más que sus notas al respecto.

George Kubler primeramente me sugirió que investigara la escultura arquitectónica de Tikal. Las formas del tiempo que he visto deben mucho a su vasto patrimonio intelectual. Finalmente agradezco profundamente el estímulo constante y crítica perspicaz de mi esposa, Nancy Farriss, durante la concepción de las ideas presentadas aquí y en la escritura de este manuscrito.

AGM

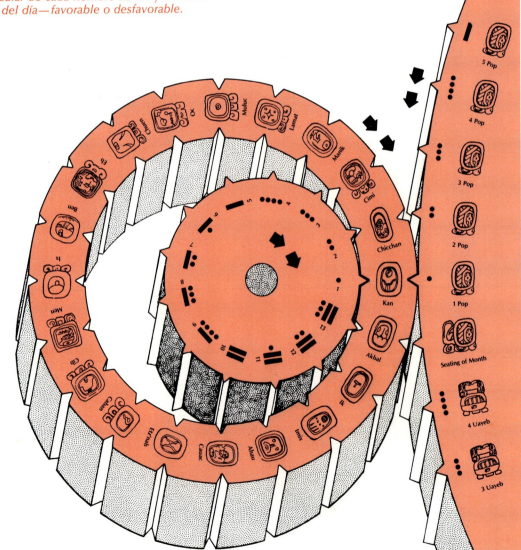

I. TIME AND RULE

Introduction

In traditional societies death is celebrated as a necessary part of life.[1] It is the ultimate time constraint of the natural calendar. For the ancient peoples of Mesoamerica, death was essential for survival, for it ensured the continuance of life itself. Seen in this light, the demise of Tikal rulers takes on a special significance which we will explore here, focusing on sculptures embellishing huge buildings constructed over rulers' tombs (see Figs. 9–16, 18).

The specific civilization in question is that of the ancient Maya, which flourished mainly in the southern lowland regions of Mexico and Guatemala (Fig. 1) during the first eight centuries of the Christian era. Traditionally, the Maya believed that while rulers die, kingship does not. Emphasis was on the office, not the person. The visual metaphors for rebirth of Maya rulership were the primordial Maya gods who had ruled over the earth in a continuous cycle since the beginning of time: images of the sun and other celestial bodies rendered in stone, stucco and paint on Tikal Early Classic architecture. Rulership, then, was clearly related to the calendar, for Maya rulers reigned over repeating periods of time as did the gods.

This study begins with an introduction to Maya concepts of cyclical and lineal time, emphasizing how the Maya rendered these concepts as images of conflicting political orders. Cyclical time is linked with the traditional Maya political system stressing kingship (the institution of rule) over kings (the individual ruler) whereas lineality for the Maya is tied to the usurpation of traditional rule, and emphasizes kings over kingship. The second chapter charts out the pertinent archaeological data, produced by The University Museum's Tikal Project, for explicating how the Maya used these images of time to maintain the social order. Changes in emphasis from cyclical to lineal time are seen as political devices taking new form to justify changes in dynastic lineages at Tikal. The final chapter discusses the socio-political implications of these changes.

Permutations of Nature and Culture: Mesoamerica's Basic Timepiece, the Calendar Round

Familiarity with pan-Mesoamerican concepts of time is necessary to understand the socio-cultural implications of calendars at Tikal. Most revealing is that Mesoamericans did not make the distinctions we make between natural and cultural chronologies; they did not pigeonhole experience into discrete categories. Life was seen as the interactions between natural forces and man's

I. EL TIEMPO Y LA SOBERANÍA

Introducción

En las sociedades tradicionales, la muerte se celebra como un elemento necesario de la vida.[1] La muerte es la última etapa del calendario natural. Para el pueblo antiguo de Mesoamérica, la muerte era esencial para sobrevivir, ya que aseguraba la continuación de la vida. Vista así, la muerte de los soberanos de Tikal toma un significado especial el cual exploraremos aquí, enfocando en las esculturas que embellecen los inmensos edificios construidos sobre las tumbas de los soberanos (Figs. 9–16,18).

La civilización específica a la cual nos referimos es la maya antigua, que floreció mayormente en las regiones bajas del sur de México y Guatemala (Fig. 1) durante los primeros ocho siglos de la era cristiana.

Tradicionalmente, los mayas creían que aunque los gobernantes mueren, la soberanía sobrevive. El énfasis se enfoca en el oficio, no en la persona. Las metáforas visuales para el renacimiento de la soberanía maya eran los dioses primordiales que reinaron sobre la tierra desde el principio del tiempo. En Tikal, imágenes del sol y otros cuerpos celestiales se desempeñaban en piedra, estuco, y pintura en la arquitectura del Período Clásico Temprano. De este modo, la soberanía se relacionaba claramente con el calendario, dado que los soberanos mayas reinaban durante repetidos períodos de tiempo, como hacían los dioses.

Este ensayo comienza con una introducción de conceptos mayas del tiempo cíclico y lineal, enfatizando cómo los mayas transformaban estos conceptos a imágenes representando sistemas políticos en conflicto. El tiempo cíclico se relaciona con el sistema político tradicional maya, acentuando la soberanía en vez de los reyes. A la vez, para los mayas el tiempo lineal se relaciona con la usurpación de la autoridad tradicional, y enfatiza los reyes en vez de la soberanía. La segunda parte de esta obra delínea los datos arqueológicos pertinentes a una explicación de cómo los mayas utilizaron estas imágenes del tiempo para mantener el orden social. El Proyecto Tikal produjo estos datos. Veremos cómo cambios en énfasis del tiempo cíclico al lineal son instrumentos políticos para justificar cambios en el linaje dinástico en Tikal. La sección final trata con las implicaciones socio-políticas de estos cambios.

Permutaciones de la Naturaleza y Cultura: El Cronómetro Básico de Mesoamérica, La Rueda Calendárica

action. It is a mistake to separate agricultural activity from ritual activity because to the Amerindian mind both were different facets of the enterprise of survival. There were two types of calendars they used to chart out aspects of life. The 365-day solar year was punctuated with natural events and human response to those events; the success of the agricultural endeavour was directly related to the success in coordinating the timing between the two. Man must plant *in time* for the rains; too early or too late would either mean a lesser yield or even none at all; too much rain could rot the crop, too little dry it excessively. Similarly, ritual action in Mesoamerica depends on the proper timing of events in a 260-day cycle. A feast day of a deity which is celebrated once within a 260-day schedule demands certain well prescribed ritual behavior; failure to carry out that ritual, usually involving some kind of blood sacrifice, not only means lack of success in a social action such as a marriage, a trading mission, a political alliance, or the like, but it also means failure of the crops. Timely ritual action on preordained days ensures the success of man's agricultural and cultural activities.

Today the Amerindian *campesino* (farmer) is in his own way punctual to a fault; he worries constantly about appropriate timing, and the thought of not participating in his local fiesta, even arriving late, is anathema. I suspect that the sense of urgency which characterizes contemporary Mesoamerican farmers' attitudes towards timing in the fields and fiestas is rooted in a long tradition of seeing the two activities as inextricably interrelated, as are the component cycles of the Mesoamerican Calendar Round itself (Fig. 2).[2] Celebrations of fiestas are as crucial to agricultural success as are the combinations of human actions and forces of nature in the fields.

While Mesoamericans share common concerns with many early agricultural societies, the especially tenuous quality of farming in Mesoamerica places particular urgency on proper timing of the planting and harvest cycles. Many areas of Mesoamerica are agriculturally harsh, more often than not either overwatered or underwatered and subject to violent wind storms, hail and the like; it is at best a precarious physical environment for growing crops. Failure of the crops could be catastrophic, all the more so when expanding settled communities had no better place to move, situated cheek-by-jowl against neighboring agricultural populations with their own survival problems. It is not surprising, therefore, that the supernatural forces the ritual calendars sought to regulate were as fickle and unpredictable as the agricultural enterprise itself. Given the unforgiving physical environment, it was all the more requisite that ritual behavior be orchestrated to ensure successful crops; it, too, had to be as harsh and as unforgiving as the natural cycle which was its model. Seen in this light, ritual human sacrifice was a cultural measure necessitated by inevitable catastrophic events in nature. Following this logic based on a sense of urgency, the rulers themselves (as

Es necesario familiarizarse con los conceptos panmesoamericanos del tiempo para entender las implicaciones socio-culturales de los calendarios en Tikal. Podemos notar que los mesoamericanos no distinguían entre cronologías naturales y culturales como lo hacemos nosotros; no encasillaban la experiencia en categorías precisas. Es erróneo separar la actividad agrícola de la actividad ritual porque en la mente de los indígenas del Nuevo Mundo las dos eran facetas diferentes de la misma realidad. El año solar de 365 días se marcaba con eventos naturales y las respuestas humanas a esos eventos. El éxito del empeño agrícola estaba relacionado directamente con el éxito en coordinar la sincronización entre ambos: el hombre tiene que sembrar a tiempo para las lluvias; demasiado temprano o demasiado tarde resultaría en una rendición baja o nada; mucha lluvia podriría la cosecha, y muy poca la secaría. De la misma manera, la acción ritual en Mesoamérica depende de la sincronización correcta de eventos en un ciclo de 260 días. Un día festivo de un dios, el cual se celebraba una vez cada 260 días, requería una acción ritual bien prescrita. No realizar este rito no solamente significaba el fracaso de un acto social como el matrimonio, una misión de negocios, una alianza política, o algo parecido, sino también significaba fracaso en las cosechas. La puntualidad en coordinar el acto ritual durante los días predeterminados aseguraba el triunfo de las actividades agrícolas y culturales del hombre.

En el presente, el campesino indígena que labra la tierra es, en cierto modo, demasiado puntual: se preocupa constantemente por el movimiento de los ciclos naturales-culturales y la idea de no participar en sus fiestas locales (o llegar tarde) se considera anátema. Supongo que tal sentido de urgencia, la cual caracteriza las actitudes de los indígenas de Mesoamérica contemporánea sobre la relación entre los campos y las fiestas, está arraigada en una vieja tradición que relaciona las dos actividades como dos ciclos de la rueda calendárica mesoamericana (Fig. 2).[2] La celebración de las fiestas es tan importante para el triunfo agrícola como es la combinación de la acción humana y la naturaleza en los campos.

Los mesoamericanos comparten intereses comunes con muchas sociedades agrícolas que tienen calendarios sagrados los cuales enfatizan el cumplimiento puntual del ritual para influir en la rendición de las cosechas. La cualidad tenue de la agricultura en Mesoamérica urge la regulación correcta de ciclos de siembra y cosecha. El ambiente mesoamericano dificulta la vida agrícola dado a cambios extremos del tiempo el cual está sujeto a sequías o inundaciones, vendavales o granizo, etc. —así que es un ambiente inseguro para sembrar. Un fracaso en las cosechas podría ser catastrófico, especialmente cuando las comunidades agrícolas esta-

spokesmen for the gods, charged with maintaining the calendar necessary for life itself) demanded the most precious offerings to ensure continuity. Accordingly, the sacrifice of children in the tombs of the Early Classic rulers carries terrible and inevitable rationale. Also, rulers' auto-blood-sacrifice, depicted on Maya stelae, follows this divine logic, for the gods cyclically sacrifice themselves so that life can continue.

While the natural basis for the agricultural calendar is clearly the 365-day solar year, we do not know why the ritual calendar had 260 days.[3] Referred to as the Sacred Round, this pan-Mesoamerican cycle is based on multiples of 13 and 20; of particular importance was the number 13 for the 13 lords of the day. It is probable that these deities were overseers of days and as such characterized the relative appropriateness of the cultural events initiated on those days. The number 20, probably referring to fingers and toes, may represent the human counterpart of the Sacred Calendar. It seems that the 260-day length with its constituent parts of 13 and 20 evolved over a long period in Mesoamerica in response to the need to devise a cyclical calendar that could intercalate with the solar years, and that its origins are as old as agriculture itself. The fact that the 260-day Sacred Round is so wide-spread and so persistent in Mesoamerica among the indigenous agriculturalists is itself an argument for the inextricable tie of the Sacred Round with agricultural life.[4]

It is the permutation of the cycles of 365 and 260 days that so beautifully encapsulates the Mesoamerican world view. They combine in such a way that a period of 52 years, known as the Calendar Round, will pass when a complete permutation of both cycles takes place. This means that each generation has a good chance of living through most of the possible combinations of both calendars. Thus, the temporal cycles of the pan-Mesoamerican Calendar Round are of human scale, easily comprehensible in terms of man's cycle.[5] The Mesoamerican mentality regarded the two calendars as devices for ensuring survival; each part fit into each other part the way pieces of a kaleidoscope with a finite set of combinations would and were subject to constantly changing interrelationships that repeat themselves in cycles.

To the Mesoamerican mind, natural cycles were all imbued with sacred qualities. The rhythms of the seasons, the orbits of astronomical bodies in the day and night sky, not only provided explanations for cultural behavior, they were also controlled by human action. This is a most important aspect of the Mesoamerican concept of cyclical time: while cyclical calendars recorded patterns of natural phenomena, they were also seen as devices for influencing those patterns. For example, Maya astronomical knowledge was achieved after long periods of observing repeating movements of heavenly bodies in the day and night sky. The acquisition of such knowledge was not motivated by the desire to empirically "understand" astronomical cycles but rather with the goal of *influenc-*

blecidas no tenían dónde irse por falta de tierras baldías. No es extraño que las fuerzas sobrenaturales, las cuales se trataban de regular con los calendarios, eran tan inciertas como el complejo agrícola. Habiendo un ambiente natural tan arduo, era necesario que los ritos se orquestraran de tal manera para asegurar éxito en las cosechas. Los ritos tenían que ser tan implacables como el ciclo natural el cual servía como su modelo primordial. Visto de esta manera, un rito antiguo como el sacrificio humano era una medida cultural draconiana requerida por eventos catastróficos de la naturaleza. Siguiendo esta lógica basada en un sentido de urgencia, los soberanos, (como los portavoces de los dioses encargados en mantener el calendario necesario para la vida) pidieron la ofrenda más valiosa para asegurar la existencia continua de la comunidad. Por consiguiente, el sacrificio de niños en las tumbas de los soberanos en el Período Clásico Temprano lleva una terrible pero inevitable justificación.

Mientras que la base natural del calendario agrícola se basa en los 365 días del año solar, no sabemos porqué el calendario ritual consistía de 260 días.[3] Llamada la Rueda Sagrada, este ciclo pan-mesoamericano está basado en múltiples de los números 13 y 20. El número 13 tenía una importancia particular, refiriéndose a los 13 Señores de los Días. Probablemente estas deidades eran directores de los días y como tales caracterizaban lo apropiado de los eventos culturales iniciados en aquellos días. El número 20, probablemente refiriéndose a los dedos de las manos y de los pies, representa la contraparte humana a la Rueda Sagrada. Parece que la Rueda Sagrada de 260 días, con sus elementos de 13 y 20, se desarrolló durante un largo tiempo en Mesoamérica. Esto fue en reacción a una necesidad de diseñar un calendario que pudiera entrelazarse con el año solar. El hecho que la Rueda Sagrada es tan corriente y persistente entre los agricultores indígenas de Mesoamérica lógicamente demuestra un vínculo inextricable entre la Rueda Sagrada y la vida agrícola.[4] La permutación de los dos ciclos de 365 y 260 días incorpora perfectamente la cosmovisión mesoamericana. Se combinan de tal manera que un período de 52 años, conocido como la Rueda Calendárica, ocurre cuando una permutación de los dos ciclos se completa. Esto significa que cada generación tenía la oportunidad de vivir durante la mayor parte de las combinaciones de los dos calendarios. Así, los ciclos temporales de la Rueda Calendárica mesoamericana son sumamente humanos, fácilmente comprendidos en términos del ciclo de la vida humana.[5] La mentalidad mesoamericana consideró los dos calendarios como instrumentos para asegurar la supervivencia, visto como una interacción precisa entre las fuerzas naturales-sagradas y la acción del hombre; cada parte se une con la otra

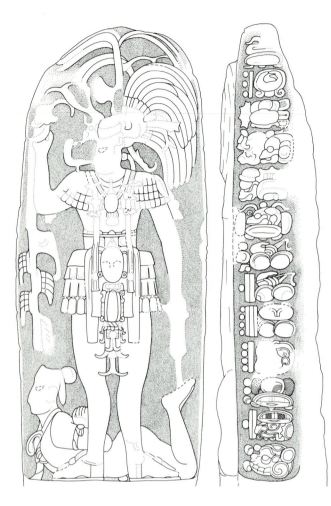

3a,b. Tikal Stela 10, front (a) and left side (b). The ruler stands over his bound captive; the inscription sets his reign into an expanded time-frame millions of years in length. (Drawings by William R. Coe)

3a,b. Estela 10 de Tikal: (a) frente; (b) lado izquierdo. El soberano parado sobre su cautivo amarrado. La inscripción coloca su reino dentro de una extensión de tiempo de millones de años de largo. (Dibujos por William R. Coe)

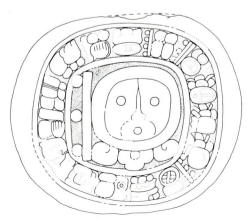

como en un calidoscopio con una combinación de unidades completas. Como las unidades del calidoscopio, los días de la Rueda Calendárica están sujetos a constantes cambios correlativos que se repiten en ciclos.

En la mente mesoamericana, los ciclos naturales estaban imbuídos con elementos sagrados. El ritmo de las estaciones y las órbitas de los cuerpos celestiales, no solamente explicaban el comportamiento cultural, sino que eran controlados por la acción humana. Este es uno de los aspectos más importantes del concepto mesoamericano del tiempo cíclico: mientras que los calendarios cíclicos notaban patrones de fenómenos naturales, también se reconocían como instrumentos para influir aquellos patrones. Por ejemplo, el conocimiento astronómico maya se alcanzó después de largos períodos de observación de los movimientos circulares de los cuerpos celestiales. Tal conocimiento no fue motivado por el deseo de "comprender" empíricamente los ciclos astronómicos, sino para influirlos. El conocimiento astronómico maya se manipulaba de tal forma que se asemejaba a lo que nosotros llamamos la astrología. El poder de los calendarios para determinar el futuro, usando ciclos observados empíricamente, era lo que les interesaba a los mayas y no el conocimiento por sí sólo. Vistos así, los calendarios cíclicos mesoamericanos eran instrumentos para describir el orden cósmico en el cual el orden social se explicaba y el orden cósmico se manipulaba.

Otra clave al significado que la Rueda Calendárica tenía para los mesoamericanos reside en la manera especial en la cual ellos caracterizaban la naturaleza y la cultura como una entidad única. En Mesoamérica, la distinción entre dios y naturaleza no era similar a la del mundo occidental. Los dioses mesoamericanos no formaban un panteón aislado. Al contrario, los dioses eran entidades fluídas. Para la mentalidad del indígena mesoamericano no existían diferencias entre el sol en el cielo y el dios sol, entre la lluvia y el dios lluvia, entre el viento y el dios viento. Había una fuerza divina que debido a su perpetuidad cíclica era sagrada; podía tomar la forma de lluvia como el dios zapoteca Cocijo, o Chac de los mayas, el agua potencial en las nubes, o el agua que cae de ellas. Estas son distintas facetas del mismo ser. El sol era el dios maya Kinich Ahau,[6] y también el sol del día que era capaz de cambiar su apariencia

4a. Tikal Altar 14, top. (Drawing by William R. Coe)

4a. Altar 14 de Tikal, vista superior. (Dibujo por William R. Coe)

ing them. Maya astronomical knowledge was used like what we call astrology. The power of calendars to determine or predict the future, using observed cycles, was what interested the Maya, not knowledge for knowledge's sake. Thus viewed, Mesoamerican cyclical calendars were both devices for describing the cosmic order by which the social order was explained and the means by which that cosmic order was manipulated.

Another clue to characterizing what the Calendar Round meant to the Mesoamericans lies in the special way in which nature and culture were thought of as an inseparable whole. In Mesoamerica, the distinction between gods and nature, common in the Western world, breaks down. Mesoamerican gods did not form a discrete pantheon. Instead, deities were fluid entities. To the Amerindian mind, there was no difference between the sun in the sky and the sun god, between rain and the rain god, between wind and the wind god. There was divine energy that because of its cyclical perpetuity was sacred; it could take the form of rain as personified by the Zapotec *Cocijo* or the Maya *Chaac* at the same time as it was potential water in the clouds or actual water falling from them. These are different facets of the same being. The sun in the day sky was also the Maya god *Kinich Ahau*, literally "Day Star Lord"; he was capable of slipping into

y transformarse en un jaguar rondando el bosque por la noche. El éxito relativo de los dioses mesoamericanos (con sus múltiples facetas) estaba directamente relacionado con el carácter crítico que estos empeñaban en el éxito de la agricultura.

Fuerzas negativas eran igualmente importantes. Por ejemplo, la sequía periódica es decididamente una fuerza natural de mayor proporción, y su deidad tenía que ser apaciguada a través de ritos que evitaban su influencia en los campos. La lluvia puntual, por otro lado, se alentaba a través de ofrecimientos al dios de la lluvia, ya que ésta era crucial para la agricultura. Pero hay varias categorías de lluvia, y la puntualidad de la llegada de las lluvias era esencial, así que los ritos no solamente pedían la lluvia, sino que la estimulaba para el tiempo apropiado. La Rueda Sagrada de 260 días procuraba controlar los desastres, y como tanto, su orquestación precisa de la acción ritual, se enlazaba directamente a los resultados mejor adaptados al éxito agrícola.

Que las características caleidoscópicas de las deidades de Mesoamérica deberían de ser tan flexibles como la naturaleza no es solamente una metáfora útil, sino que las dos eran consideradas literalmente la misma cosa. Una imagen de Kinich Ahau no era solamente el Dios Sol, sino que era el calor que da vida, la luz incandescente, la salida, el cenit, y la puesta de este cuerpo astronómico. Esta paradoja lógica es sólo un ejemplo de la mística característica de la religión mesoamericana, la cual percibe la naturaleza como sagrada.

En resumen, una panoplia jerárquica de dioses mesoamericanos era articulada dentro de un calendario sagrado de 260 días, y la sincronización ritual por su ciclo entero controló acciones en los campos trazados a base de un itinerario de 365 días. Los dioses reinaban sobre períodos de tiempo definidos por la Rueda Sagrada, y la importancia relativa de ellos era originalmente definida por sus efectos variables en la agricultura. Esta correlación jerárquica entre la acción ritual y la agricultura era precisamente definida en la Rueda Calendárica.

La Rueda Calendárica eventualmente llegó a ser una exégesis para el orden social: la estructura de la sociedad reflejada en el calendario. No nos debe sorprender que el concepto mesoamericano de la soberanía asumía las características duales de la Rueda Calendárica. Como los dioses de la Rueda Sagrada de 260 días, la soberanía dirigía la vida cultural y agrícola y era organizada por un patrón rotativo. Por consiguiente, la sucesión de poder se consideraba como la manifestación de una rotación evidente en el turno regular de los dioses de la Rueda Sagrada. El pueblo veía a los dioses de la Rueda Sagrada y los soberanos como agentes cruciales para mantener el orden en el universo—desde negociaciones con los dioses que afectaban las co-

4b. Altar 14, top. This inscription, the first after the Tikal hiatus, centers on the Calendar Round day 8 *Ahau*, surrounded by the Long Count date 9.13.0.0.0 (A.D. 682) and the ruler's name. (Photograph by William R. Coe)

4b. Altar 14 de Tikal, vista superior. Esta inscripción, la primera después del hiato de Tikal, enfoca la fecha 8 Ahau de la Rueda Calendárica, y ésta tiene alrededor de ella la fecha 9 · 13 · 0 · 0 · 0 (682 d.C.) de la Cuenta Larga, además del nombre del soberano. (Fotografía por William R. Coe)

another guise to become a jaguar prowling the forests at night.[6] The relative importance of the multifaceted Mesoamerican gods was directly related to their crucial role in the success of agriculture.

Negative forces were just as important. Periodic drought, for example, is certainly a major natural force, and its deity manifestations had to be appeased through ritual action to avoid negative effects on the fields. Timely rain, on the other hand, was encouraged through offering to the rain god, for its life-giving substance was crucial to the agricultural enterprise. But there are many kinds of rain, and timing was crucial, so ritual not only had to encourage rain but it had to encourage the right kind at the right time; too much, too early, or too little, too late could and did often prove disastrous. The 260-day Sacred Round sought to control all of that, and its precise orchestration of ritual action is directly linked to the kind of results best suited to successful agriculture.

That the kaleidoscopic characteristics of Mesoamerican deities should reflect the multifaceted quality of nature itself is not only a purposeful metaphor, but also emphasizes that the two elements were regarded as literally the same thing. Even an image of a god was sacred. For example, *Kinich Ahau* rendered in stucco and paint was not only the sun god, it was the life-giving warmth, the intense light, the rising, zenith and setting of the astronomical body. That this is a logical paradox is just one example of the mystical quality of Mesoamerican religion which sees nature as being hallowed in all its apsects.

In summary, then, a hierarchical panoply of Mesoamerican deities was articulated within the 260-day Sacred Calendar, and the timing of ritual actions dedicated to these gods throughout the cycle controlled their natural manifestations in the planted fields, charted out in a 365-day schedule. Gods ruled over periods of time defined by the Sacred Round, their relative importance originally defined by their varying effects on agriculture. This hierarchical interrelationship between ritual action and agriculture was precisely defined in the Calendar Round.

The Calendar Round eventually became the rationale for the social order: the structure of society mirrored the calendar. It should come as no surprise that the Mesoamerican concept of rulership took on the dual characteristics of the Calendar Round. Like the gods of the 260-day Sacred Round, rule directed cultural and agricultural life and was organized on a rotating pattern. Accordingly, succession of rule was viewed as a manifestation of the kind of rotation evident in the orderly rotation of the gods of the Sacred Round. Rulers were seen by the populace as crucial agents in maintaining order in their universe, from the negotiations with the fickle gods affecting their crops, to the naming of their children affecting their fate,[7] to dealing with cantankerous neighboring groups affecting their political geography. While the rulers were considered god-like because they played crucial roles in acting out deity functions during rituals

sechas, al dar nombres a sus hijos (y así influyendo en sus destinos[7]), hasta tratar con grupos vecinos que afectaban su geografía política. Mientras que los soberanos eran considerados como dioses porque desempeñaban el papel de deidades en los ritos de la Rueda Sagrada, los sacerdotes eran los especialistas y estaban íntimamente familiarizados con el mecanismo del calendario. El papel que desempeñaba el pueblo era crítico porque solamente ellos podían llevar a cabo lo ritual y la actividad agrícola. Sin la participación del pueblo en los ritos, la acción sagrada sería tan improductiva como campos agrícolas sin labradores. Los soberanos solamente dirigían lo ritual y lo agrícola, pero la eficacia de los soberanos en estas tareas siempre era dudosa. En realidad, los cambios básicos en la historia mesoamericana se reflejaba en cambios del papel que desempeñaban los soberanos al dirigir la producción agrícola. Aquí se enfoca la importancia decisiva en la aparición del mando efectivo manifestado al público en la arquitectura, escultura, y pintura en centros como Tikal.

Exactitud en el gobierno resultaba en el éxito de actividades como intercambios mercantiles, conquistas militares, y alianzas políticas. De la misma manera, exactitud en el ritual influía la rendición de las cosechas y el destino de las actividades culturales. Por eso, lógicamente, estos dioses del tiempo deberían ser asociados con los soberanos de Tikal. Los dioses reinaban sobre períodos consecutivos que consistían en eventos naturales que estaban bien sincronizados con las acciones culturales como estaba proscrito en los calendarios. Igualmente, los soberanos gobernaban los asuntos del hombre, limitados por el calendario. Durante el Período Clásico Temprano se enterraron los soberanos de Tikal debajo de las estructuras que llevan imágenes de los dioses maya del tiempo que reinaron sobre períodos de la Rueda Sagrada, reforzando la asociación de la soberanía con el calendario y sus dioses.

En el centro de las tierras bajas durante el Período Clásico, y especialmente en Tikal, los gobernantes explotaron un desarollo mayor en la notación calendárica con la cual se identificaron estrechamente y la cual se desvió de los conceptos tradicionales mesoamericanos del tiempo cíclico. Conocida como la Cuenta Larga, esta forma de notar el tiempo aparece en el Valle de Oaxaca aproximadamente unos seis siglos después de la primera inscripción de la Rueda Sagrada.[8] Esto no significa que la Cuenta Larga no existía anteriormente o que no fue coterminio con la Rueda Calendárica. Pero la evidencia disponible sugiere que la Cuenta Larga no llegó a tener suficiente significado cultural para que se grabara en la piedra hasta más tarde.[9] Es durante el Período Clásico de la civilización maya de las tierras bajas (250–800 d.C.)

of the Sacred Round, the priests were the specialists intimately familiar with the mechanistic workings of the calendar. The role of the populace was most crucial in this scenario because only they could actually carry out both ritual and agricultural activity. Without participation of the people in rituals, sacred action was as unproductive as fields without farmers. The rulers only directed the ritual and farming enterprises. Their effectiveness in these tasks was always open to question. Indeed, the most basic changes in Mesoamerican history are a reflection of changing roles of authority vis-à-vis the public perception of the Mesoamerican leadership directing what could be termed the collective enterprise of survival phrased in calendrical terms. Herein lies the cultural importance of the appearance of effective rule made manifest in the public architecture, sculpture and painting of a site like Tikal.

Timely rule meant successful trading missions, military conquests and political alliances, just as timely ritual positively influenced yields in the fields and the fate of cultural affairs. It is therefore logical that gods of time periods should be associated with Tikal rulers as a most appropriate metaphor for rulership. Like the gods ruling over repeating time periods that must consist of well coordinated natural and cultural events and actions as prescribed in the hallowed calendars, rulers oversee the affairs of men, constrained by those calendars. Because the gods sacrifice themselves in timely schedules (the Maya viewed the sunset as the self-sacrifice of the sun god), it was the rulers' duty to do so too. They carried out their sacrificial obligation by self-inflicting wounds in various parts of the body, drawing blood; the timing of these auto-blood-sacrifices was charted out in the Sacred Almanac. Early Classic Tikal rulers are buried beneath structures bearing images of Maya gods who reigned over periods of the Sacred Round, reinforcing the association of leadership with the calendar and its gods.

In the heartland of the Maya lowlands, most notably at Tikal, Maya rulers of the Classic Period exploited a major preexisting development in calendrical notation with which they closely identified, and departed from traditional Mesoamerican concepts of cyclical time. Known as the Long Count, this form of time-keeping first appears in the archaeological record some six centuries after the Sacred Round was first recorded in the Valley of Oaxaca.[8] This does not mean that the Long Count did not exist earlier or was not perhaps contemporary with the Calendar Round, but the available evidence does suggest that the Long Count only attained enough cultural significance to be carved in stone much later.[9] It is during the Classic Period of Lowland Maya civilization (ca. A.D. 250–800) that representations of the Long Count are most numerous. The heartland of that civilization, in what is now called the Central Peten, was controlled by Tikal.

The dominant Classic Period Lowland Maya calendar stressed lineal time over cyclical time and is manifest in the Long Count and period-ending dates. It eventually

que encontramos numerosas representaciones de la Cuenta Larga. La región central de aquella civilización, en lo que ahora se llama el Petén, estaba controlada por Tikal.

La nueva forma del calendario usado durante el Período Clásico, enfatizó el tiempo lineal en vez del cíclico. Se ve esta notación en la Cuenta Larga y fechas del final de período. Junto con la escritura y la iconografía arquitectónica, el énfasis en el tiempo lineal eventualmente se vió como el medio para transformar los conceptos tradicionales de la soberanía mesoamericana como eran definidos por la Rueda Calendárica antigua.

La Cuantificación del Tiempo: La Cuenta Larga de los Mayas

Hemos visto que un día en la Rueda Calendárica puede indicar una variedad de situaciones: el momento apropiado o inapropiado para sembrar o cosechar, el día para bautizar a un infante, celebrar un matrimonio, embarcarse en una expedición de conquista militar o de intercambio. De tal manera que un día en la Rueda Calendárica enfatiza la cualidad del tiempo. Los días, en ciclos de 260 y 365 días, se caracterizaban por cualidades apropiadas o inapropiadas para la agricultura y otras acciones culturales.

Hay otra faceta del tiempo la cual caracteriza sus cualidades cuantitativas. Es la duración del tiempo lo que es más característico de los calendarios modernos. Cuando pensamos en el tiempo, "cuánto tiempo" nos viene a la mente, la duración es virtualmente sinónima con el tiempo. Mientras que podemos modificar nuestra preocupación temporal con varios términos para connotar valor o cualidad ("un buen tiempo", por ejemplo), nuestra preocupación primaria es la pasada del tiempo. Hay excepciones, por supuesto, como el ejemplo de las fiestas seculares y religiosas que se repiten en la misma fecha cada año. Mientras que los calendarios modernos repiten eventos, están igualmente diseñados para notar el paso del tiempo como una línea del pasado, al presente, al futuro. Los calendarios modernos comienzan en un punto arbitrario lo cual es un evento de importancia cultural y concebido como haber acontecido una vez, un punto fijo en el pasado. Este regula lo que continúa; todos los eventos subsecuentes son únicos. Calendarios que marcan el lapso de tiempo son la antítesis de los calendarios que repiten cíclicamente una y otra vez como por ejemplo, la Rueda Calendárica mesoamericana.

La civilización maya se distingue por el desarollo de un sistema de notación calendárico el cual enfatiza los aspectos cuantitativos del tiempo en el contenido de textos de escritura jeroglífica. La notación

provided an important means, along with writing and changes in architectural iconography, for the transformation of traditional concepts of Mesoamerican rule as defined by the more ancient Calendar Round.

The Quantification of Time: The Maya Long Count

We have seen that a day in the Calendar Round could indicate good, bad, appropriate or inappropriate times to initiate planting or harvest in the fields on the one hand and to name a newborn infant, celebrate a marriage, embark on a trading or military campaign on the other. Thus a day in the Calendar Round emphasized the quality of time. Its days, in cycles of 260 and 365, were characterized as having particular appropriate or inappropriate qualities for both agricultural and cultural action.

There is also the quantitative aspect of time, and it is time's duration that is most familiar to us today and is most characteristic of modern calendars. When we think of

de la duración del tiempo y textos escritos están entrelazados estructuralmente en tal forma que la explicacíon de la función del calendario o de la escritura en la sociedad maya es imposible sin considerar ambos juntos. La designación escrita del tiempo pasado entre eventos importantes se logró por medio de la notación posicional que son múltiples de unidades de días basados en el número 20. La cuenta del transcurso del tiempo por un sistema vigésimo es común en toda Mesoamérica. A la Cuenta Larga (o la Serie Inicial) se le llama así porque frecuentemente los textos comienzan en esa forma. Es la respuesta de los mayas de las tierras bajas a la necesidad de grabar el transcurso del tiempo.

La Cuenta Larga se puede considerar como construida sobre la Rueda Calendárica.[10] Para cuantificar ciclos de tiempo como agregaciones sobrepuestas, el año maya de 365 días (haab) fue cambiado al "año del calculador" (tun) de 360 días porque es divisible por 20 y así se podía manipular como un factor en el sistema de la Cuenta Larga. Se transforma un calen-

5. Artist's reconstruction of the Tikal center in the 8th century A.D. (Drawing by H. Stanley Loten, from Coe 1967:26)

5. Reconstructión según el artista del centro de Tikal en el Siglo VIII (Coe 1967:26; dibujo según H. Stanley Loten).

time, "how long" or "how short" come first to mind; duration is virtually synonymous with time. While we may modify temporal concerns with various terms connoting value or quality ("a good time," for example), our primary preoccupation with the fourth dimension is its passage. Exceptions to this, of course, are the secular and religious holidays which recur on the same date each year. While modern calendars note repeating events, they are also designed to record the passage of time as an unidirectional line from past and present to future. Modern calendars begin at an arbitrary starting point that is an event of cultural importance and is thought of as having happened once at a fixed point in the past. This sets the tone for what follows; all subsequent events are unique. Elapsed time calendars of this sort are the antithesis of calendars which cyclically repeat again and again as, for example, the Mesoamerican Calendar Round.

One of the hallmarks of Maya civilization is that it developed a preexisting system of calendrical notation emphasizing time's quantitative aspects in the context of hieroglyphic writing. Notations of time's duration and written texts are structurally intertwined in such a way that explanation of how either the calendar or writing functioned in Maya society cannot be separated. The written designation of how much time passed between events worthy of record was achieved by means of positional notations that are multiples of day units based on the number 20. Vigesimal counting of the passage of time is common to all Mesoamerica; the Long Count or Initial Series, so called because it often begins a text, is the Lowland response to the need to record elapsed time.

The Long Count can be viewed as having been built upon the Calendar Round.[10] For purposes of quantifying time cycles as superimposed aggregates, the Maya 365-day year (haab) was changed to the 360-day "calculator's" year (tun) because it is divisible by 20 and could be manipulated as a factor in the Long Count system. The affixed Long Count changes the basic Calendar Round from a fundamentally qualitative calendar of natural and cultural cyclical action of relatively short duration, to one which emphasizes the quantitative aspects of time as ever increasing cycles compounded vigesimally. Thus, in the positional notation systems, a month or uinal is a multiple of the day or kin (20 kins); the tun a multiple of the uinal (18 uinals); the katun a multiple of the tun (20 tuns) and the baktun a multiple of the katun (20 katuns). When Calendar Round dates appear in the Classic Maya inscriptions, as for example in Tikal Stela 31 (Fig. 20), time values are primarily quantitative, not qualitative; the calendrical information conveyed primarily concerns time duration.

In Maya texts, the distances between dates are written in vigesimal numbers, using the same kins, uinals, tuns, and katuns as the Initial Series. These are called Secondary Series or Distance Numbers. The concept of "time distance" is useful in understanding how the Long Count operates as an amendment of the basic Calendar Round.[11]

dario fundamentalmente cualitativo (el cual indica acciones de importancia natural y cultural y se repite cíclicamente en períodos de una duración relativamente corta de escala humana) en un calendario que enfatiza los aspectos cuantitativos del tiempo como incrementando siempre los ciclos vigesimales. Así que, en un sistema de notación posicional, un mes o uinal es un múltiplo del día o kin (20 kines); el tun un múltiplo del uinal (18 uinales); el katun un múltiplo del tun (20 tunes) y el baktun un múltiplo del katun (20 katunes). Cuando las fechas de la Rueda Calendárica aparecen en inscripciones mayas del Período Clásico, por ejemplo en la Estela 31 de Tikal (Fig. 20), el valor del tiempo es principalmente cuantitativo y no cualitativo. La información inscrita trata principalmente con la duración del tiempo.

En textos mayas, se nota la distancia entre las fechas en números vigésimos, usando los mismos kines, uinales, tunes y katunes como en la Serie Inicial. Estos se llaman la Serie Secundaria o Números de Distancia. El concepto de "distancia del tiempo" es útil para entender cómo la Cuenta Larga opera como una enmienda de la Rueda Calendárica básica.[11] Si uno quiere un registro del lapso de tiempo entre un evento y otro, y si uno mide la cantidad y no la cualidad del tiempo, entonces se necesitan algunos medios mecánicos para designar el lapso de tiempo. La respuesta maya a esta necesidad fue la notación posicional en el contenido de textos explicativos, indicando lo que pasó o lo que pasará. En este sentido la relación entre el tiempo y el texto en las inscripciones mayas del Período Clásico indica que la notación primariamente designa duración mientras que el texto comenta sobre la duración. El texto llega a ser el modificador cualitativo del tiempo. En la Rueda Calendárica tradicional la cualidad del tiempo es innata en la misma notación.

Los mayas cuantificaron la Cuenta Larga al nombrar períodos de katunes por su día final en la Rueda Sagrada (Katun 5 Ahau, 3 Ahau, etc.), así formando un ciclo (de 260 tunes) de los 13 números de los días. Aunque no se está completamente de acuerdo en cuanto a los orígenes de la Rueda del Katun, no hay evidencia que ésta se usara antes que en Tikal durante el Período Clásico Temprano.[12] El balance de unidades de días a unidades del año calculador indica un interés en amplificar ciclos del tiempo, consistente con el énfasis maya del Período Clásico en la cantidad, no la calidad del tiempo. La designación de la calidad del tiempo es manejado en los textos. Así que todas las notaciones calendáricas asociadas con glifos no-calendáricos de las estelas son primariamente marcadores de la duración del tiempo.

Es inherente que la estructura mecánica de la Cuenta Larga es la suma lineal de ciclos repetidos,

If you want a record of elapsed time between one event and another, if you are measuring the quantity, rather than the quality of time, then some mechanistic means to designate elapsed time is in order. The response of the Maya to this need was positional notation in the context of explanatory texts, indicating what happened or what will happen. In this sense then the relationship between time and text in the Classic Maya inscriptions is that the time notation is primarily devoted to designating duration between events while the text comments on the event; the text becomes the specifiable qualitative modifier of time. In the traditional Calendar Round, time's quality is inherent in the notation itself.

The Maya also quantified time by naming whole *katun* periods by their ending Sacred Round day (*Katun 5 Ahau,3 Ahau*, etc.), thus forming a 260-*tun* cycle of the 13 day numbers. While there is little agreement as to the origins of the *katun* round, there is no evidence for its use earlier than at Tikal during the Early Classic.[12] The balancing of day units to calculator year units bespeaks an interest in magnifying time cycles consistent with Classic Maya emphasis on the quantity, rather than the quality of time. The designation of the quality of time is taken over by texts. Thus all calendrical notations, when associated with non-calendrical glyphs of Maya stelae, are primarily durational time markers.

Inherent in the mechanistic structure of the Long Count is that it is but a 13-*baktun*-long unit (a "great cycle") within a linear summation of repeating cycles, vigesimally compounded to periods so long that their duration is almost incomprehensible, much like the distance between stars. At several Classic Lowland Maya sites, including Tikal, Secondary Series dates are compounded by an "expanded" Long Count consisting of multiples of 400 *katuns* (8,000 *tun* years) known as a *pictun*. If such a cycle of time is outside the realm of human comprehension, what purpose served notations of 20 *pictuns* (160,000 *tun* years) called a *calabtun*? Or 20 *calabtuns* (3,200,000 *tun* years) known as the *kinchiltun*? And what of that referent to the gigantic unit of 20 *kinchiltuns* (64,000,000 *tun* years), the *alantun*? Are these Maya attempts to characterize the concept of infinity? If so, why did they bother? Maya cycles of time theoretically repeat in compounds of 20 and are all of them from the smallest to largest, from *kin* to *alantun*, units of cyclical time, as are lunar, Venus and eclipse calendars, as well as the Sacred Round and the Calendar Round. From the human perspective, however, the longer the cycle of time, the more it is comprehensible only as a lineal progression; it can be visually likened to horizon lines appearing to our eyes as straight, although they are, in fact, part of a circle whose enormous dimensions our eyes cannot take in. Similarly, the Maya mind's eye could not take in as a circle the vast time scales of the positional system of time notation and they appeared as straight lineal trajectories from past, present and future.[13]

When measured in enormous cycles, hieroglyphic

compuestos de períodos vigésimos de una duración tan larga que es casi incomprensible. En varios sitios clásicos de los mayas de las tierras bajas, incluyendo Tikal, las fechas están compuestas por una Cuenta Larga "extendida", la cual consiste de múltiples de 400 katunes (8,000 años tunes) conocido como un pictun. Si tal ciclo está fuera de la comprensión humana, ¿cuál fue el fin de las notaciones de 20 pictunes (160,000 años tunes) llamado un calabtun? ¿O 20 calabtunes](3,200,000 años tunes) conocido como el kinchiltun? ¿Cómo podemos comprender a aquello referente a una unidad gigantesca de 20 kinchiltunes (64,000,000 años tunes), el alantun? ¿Son éstos los intentos mayas para caracterizar el concepto de la infinidad? Si es así, ¿por qué lo hicieron? Teóricamente para los mayas, todos los ciclos de tiempo compuestos de 20, desde los más pequeños hasta los más grandes —del kin al alantun— son unidades de tiempo cíclico, como son la de los calendarios de la Luna, Venus, el eclipse, la Rueda Calendárica y la Rueda Sagrada. Desde el punto de vista humano, sin embargo, mientras más largo el ciclo de tiempo, es más comprensible sólo como una progressión lineal. Se puede visualizar como la línea del horizonte: una línea supuestamente recta aunque es parte de un globo cuyas dimensiones enormes no podemos asimilar. Semejantemente, la mentalidad maya no pudo absorber tiempo y aparecieron como trayectorias lineales directas del pasado, presente, y futuro.[13]

Medidos en ciclos enormes, los textos jeroglíficos sirven para calificar el tiempo especificando un evento único dentro de una progresión lineal. Por ejemplo, la Estela 10 de Tikal (Fig. 3) lleva una fecha "extendida" de la Cuenta Larga de 1 kinchiltun, 11 calabtunes, 19 pictunes, 9 baktunes, 3 katunes, 11 tunes, y 2 uinales, una designación de tiempo cumulativo de 4,978,803 tunes hacia el pasado. Mientras que lo significativo de esta fecha extendida de la Serie Inicial es problemático, Jones (Jones y Satterthwaite 1982, páginas 25–29; 1985; comunicación personal) piensa que la fecha extendida es una designación de tiempo que fija el presente en términos del pasado distante usando grandes ciclos de tiempo, igual como la primera fecha de la Serie Inicial esculpida en la estela fija la fecha: 9.1.10.5.7 (9 baktunes, 1 katun, 10 tunes, 5 uinales, 7 tunes, ó 3,630 tunes y 107 días pasados desde un punto fijo en el pasado, 3114 a.C.). El nombre de un soberano de Tikal llamado "Jaguar Paw Skull" es probablemente citado entre dos notaciones calendáricas (Jones y Satterthwaite 1982, página 25). Estas designaciones del tiempo se caracterizan como indicadores de tiempo lineal; se registran puntos dentro de ciclos de tiempo tan vastos que son incomprensibles. También, ciclos más cortos fijan el evento: fechas de la Rueda Calendárica y la Rueda Sagrada

texts served a practical end to qualify time by specifying an event as unique in lineal progression. For example, Tikal Stela 10 (Fig. 3) bears an "expanded" Long Count date of 1 *kinchiltun* , 11 *calabtuns,* 19 *pictuns,* 9 *baktuns,* 3 *katuns,* 11 *tuns,* 2 *uinals,* a cumulative time designation of 4,978,803 *tuns* into the past. While the significance of this expanded Initial Series date is problematic, Jones (Jones and Satterthwaite 1982:25–29; 1985 personal communication) thinks that the expanded date is a time designation fixing the present in terms of the distant past using enormous time cycles, just as the Initial Series information at the head of the stela fixes another historical date of the stela erection in the near past within the 13-*baktun* "great cycle" at 9.1.10.5.7 (9 *baktuns,* 1 *katun,* 10 *tuns,* 5 *uinals,* 7 *kins,* or 3,630 *tuns* and 107 days of elapsed time from a fixed point in the past, 3114 B.C.). Here, the Tikal ruler named "Jaguar Paw Skull" is probably designated between the two calendrical notations (Jones and Satterthwaite 1982:25). These time designations are seen as lineal time indicators; within incomprehensibly vast time cycles fixed points in time are recorded. Shorter cycles also pinpoint the event: Calendar Round and Sacred Round dates also appear on Stela 10 (as well as on other Classic Period stelae). As in all other instances of Classic Maya inscriptions, these shorter cycles (including lunar and other cycles) are treated like the larger ones; they are all of them used as lineal time indicators fixing events describes in "non-calendrical" texts as unique occurrences. In Stela 10, Jaguar Paw Skull is precisely fixed in lineal time.

Structurally, the quantification of time in Maya hieroglyphics is primarily linearly arranged by increasing or decreasing units of 20.[14] It is the texts which qualify the temporal designations. Read from top to bottom, left to right, the qualifying non-calendrical glyphs are literally arranged in a lineal sequence. Whereas, traditionally, Calendar Round dates included qualitative information,[15] as time durations became longer because of the many cycles included in inscriptions,[16] time notations were stripped of their qualitative values in favor of their durational aspects.

It is important to stress that the quality/quantity dichotomy of Mesoamerican time discussed above is not absolute. When we say the Long Count is primarily quantitative, we are characterizing an emphasis of one aspect of time over another. The Calendar Round progresses from one event to another as does the Long Count. But unlike the Long Count, the ancient Mesoamerican Calendar Round was primarily dedicated to describing the kind of day recorded, rather than fixing that day as an event which can happen once. When associated with non-calendrical texts, Calendar Round and Sacred Round dates are in fact treated in a lineal fashion, for it is the texts (the non-calendrical glyphs) that take over the qualitative functions previously carried by the "pure" Calendar Round.

That the Maya chose to literally embrace Calendar

también aparecen en la Estela 10 (al igual que en otras estelas del Período Clásico). Como en todos los casos de inscripciones mayas del Período Clásico, estos ciclos más cortos son tratados como ciclos más largos. Todos son indicadores del tiempo lineal que fijan los eventos descritos como acontecimientos únicos en textos ''no-calendáricos''. En la Estela 10, Jaguar Paw Skull está fijado exactamente en el tiempo lineal.

Estructuralmente, la cuantificación del tiempo en los jeroglifos mayas está ordenado linealmente incrementando o disminuyendo por unidades de 20.[14] Los textos califican las designaciones temporales. Se leen los glifos calificadores no-calendáricos de arriba hacia abajo, y de izquierda a derecha; son ordenados literalmente en secuencia lineal. Mientras que las fechas de la Rueda Calendárica tradicionalmente incluían información cualitativa,[15] cuando las duraciones del tiempo llegaron a ser más largas por los muchos ciclos incluídos en inscripciones,[16] se le quitaron los valores cualitativos a las notaciones del tiempo, favoreciendo sus aspectos durativos.

Es importante enfatizar que la dicotomía de la cualidad/cantidad del tiempo mesoamericano no es absoluta. Cuando decimos que la Cuenta Larga es principalmente cuantitativa, enfatizamos un aspecto del tiempo sobre el otro. La Rueda Calendárica progresa de un evento a otro, al igual que la Cuenta Larga. Distinto a la Cuenta Larga, sin embargo, la Rueda Calendárica se usaba principalmente para describir el tipo de día anotado, y no para establecer ese día como un evento que pudiese ocurrir solamente una vez. Sin embargo, cuando están asociados con textos no-calendáricos, las fechas de la Rueda Calendárica y la Rueda Sagrada son en efecto tratadas como lineales, porque los textos asumen funciones cualitativas.

Es de gran importancia que los mayas decidieron adoptar un sistema de notación de valor posicional para la Rueda Calendárica y textos no-calendáricos en las incripciones del Período Clásico. El Altar 14 en Tikal representa una fecha cíclica de la Rueda Calendárica rodeada por una fecha de la Cuenta Larga (Fig. 4). Aquí la designación del tiempo cualitativo está encapsulada gráficamente por la designación del tiempo cuantitativo.

Mientras que las estelas que pertenecen a los períodos Clásico Temprano y Tardío enfatizan el tiempo lineal en fechas usando la Cuenta Larga, la Rueda Calendárica y la Rueda Sagrada, en la escultura arquitectónica del Período Clásico Temprano el tiempo es cíclico. Las manifestaciones de imágenes de la Rueda Calendárica dominan la arquitectura funeraria en Tikal (Figs. 9–16,18) durante el Período Clásico Temprano. Después de un período de transición durante el final del siglo VI y el principio del siglo VII, estas imágenes cualitativas de los Señores

Round notations by positional value notations and "non-calendrical" texts in the Classic Maya inscriptions is highly significant. Altar 14 at Tikal depicts a cyclical date from the Calendar Round literally surrounded by a Long Count date (Fig. 4). The qualitative time designation is here graphically encapsulated by the quantitative one.

While both Early and Late Classic stelae stress lineal time in Long Count, Calendar Round and Sacred Round dates, on the architectural sculpture of the Early Classic Period time is overwhelmingly cyclical. Manifestations of Calendar Round imagery dominate Tikal funerary

del Tiempo maya pierden su predominio. Las imágenes faciales de deidades esculpidas en las subestructuras de los templos durante el Clásico Temprano ya no se observan durante el Clásico Tardío. La escultura arquitectónica del Clásico Tardío conlleva una forma distinta y está situada en cresterías y en los dinteles de madera en los interiores de los templos. En contraste a la escultura más temprana, la nueva forma y su ubicación hacen difícil ver la escultura y menos leerla. Lo más sobresaliente es la falta de escultura ubicada en las subestructuras de

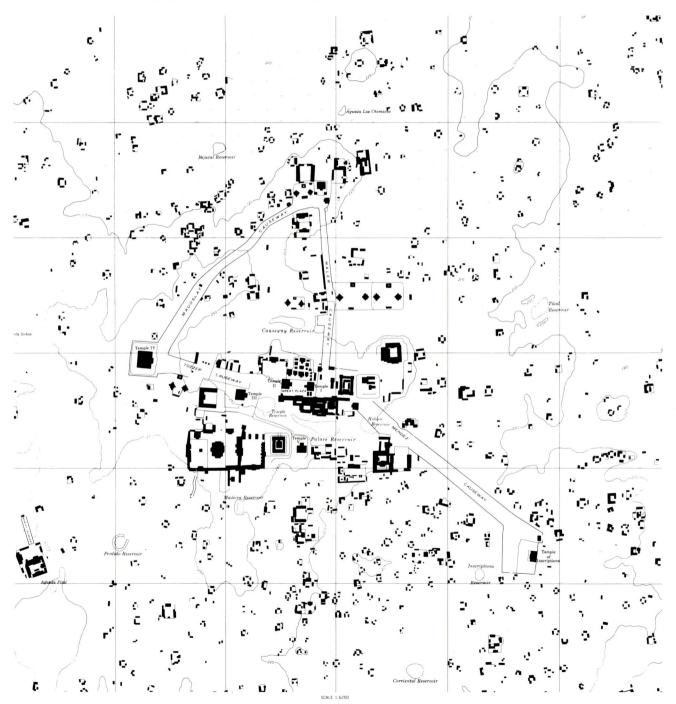

SCALE 1:6250

6. Site plan of Tikal. (After Carr and Hazard 1961)

6. *Plano general de Tikal. (Según Carr y Hazard 1961)*

architecture (Figs. 9–16, 18) during the Early Classic period. After a period of transition during the late 6th and early 7th centuries, these qualitative images of Maya Time Lords (gods ruling over the cyclical time periods of the Calendar Round) lose predominance. The huge facial images of deities that covered temple substructures during the Early Classic are no longer evident. Architectural sculpture of the Late Classic takes on a completely different form and is situated on high roofcombs and wooden lintels of temple interiors. The sculpture of the new temples' upper reaches was complemented with glyphic panels, as distant and inaccessible as the rulers themselves. Most striking is the absence of sculpture on the supporting substructures of temple bases, an effect made all the more obvious by the Late Classic tendency to enlarge the size of temple substructures.

References to the Calendar Round continue to appear at Tikal during the Late Classic Period and are, in fact, prominently displayed in the form of large Late Classic twin-pyramid groups celebrating the ends of *katuns* (Fig. 47). But enormous images of the quality of time as divine forces sculpted in stone and stucco adorning temple substructures become things of the past. Time conceived of as a divine force repeating cyclically, common to all Mesoamerican peoples since the Preclassic period, no longer is shown at Late Classic Tikal. In sculpture, there is a shift of emphasis to time's lineal (quantitative) characteristic. Even the twin-pyramid groups (with their self-conscious reference to Calendar Round dates) mark the passage of time, favoring its relentless progression over its cyclicity. This shift of emphasis in the characterization of time from its qualitative to quantitative presentation is not a discrete esoteric development, a product of specialized Maya interests in studying time as an intellectual puzzle. Time's shape is too prominently a part of public monumental display for it to have been considered so epiphenomenal for Classic Maya society as a whole. Instead, the changes in defining the shape of time I have tried to characterize here are directly linked to political decisions made by Classic Maya rulers in a bid to construct their concept of power into a politically viable enterprise. The physical remains of that attempt we see as Late Classic Tikal, the central portion of which is represented in the reconstruction drawing by Tikal Project staff member Stanley Loten (Fig. 5). The success of those political decisions is manifest in the grandeur of its architecture.

NOTES I

1. Western attitudes towards death are quite different. See Ernest Becker's *The Denial of Death.*

2. Several excellent publications include discussions of Mesoamerica's calendrical structure from a mechanical point of view. Perhaps the most basic, including a clear discussion of numerical calculations used in the calendar, is Sylvanus Morley's *An Introduction to the Study of the Maya Hiero-*

las bases de los templos. Este efecto es más obvio dada la tendencia de engrandecer el tamaño de las subestructuras en el Período Clásico Tardío.

Referencias a la Rueda Calendárica continúan apareciendo en Tikal durante el Período Clásico Tardío. En efecto, se despliegan prominentemente en forma de grandes grupos de Complejos de Pirámides-gemelas celebrando el final del *katun (Fig. 47)*. Las enormes imágenes de la cualidad del tiempo como fuerzas divinas esculpidas en piedra y estuco ya son del pasado. La concepción del tiempo como una fuerza divina que se repite cíclicamente, común a toda Mesoamérica desde el Período Preclásico, no se muestra en Tikal durante el Período Clásico Tardío. En la escultura surge un cambio en el énfasis hacia la característica lineal (cuantitativa) del tiempo. Aún los Complejos de Pirámides-gemelas marcan el transcurso del tiempo, favoreciendo su inexorable progresión sobre su "ciclicidad". Este cambio de énfasis en la presentación del carácter cualitativo a cuantitativo del tiempo no es un acontecimiento esotérico discreto, un producto especializado de interés maya en el estudio del tiempo como si fuese un rompecabezas intelectual. La forma del tiempo es una parte tan prominente de la exhibición pública monumental que es imposible que fuera considerada "epifenomenal" por toda la sociedad maya del Período Clásico. Los cambios en la definición de la forma del tiempo que he tratado de caracterizar aquí están directamente ligados a las decisiones políticas hechas por los soberanos mayas del Período Clásico en un esfuerzo para desarrollar su propio concepto del poder en una empresa políticamente viable. Nosotros vemos los restos físicos de aquel intento como el Tikal del Clásico Tardío, la porción central la cual está representada en el dibujo por Stanley Loten del Proyecto Tikal (Fig. 5). El éxito de aquellas decisiones políticas está manifestado por el esplendor de su arquitectura.

NOTAS I

1. Las actitudes hacia la muerte son muy distintas. Véase The Denial of Death *por Ernest Becker.*

2. Varias publicaciones excelentes incluyen discusiones de la estructura del calendario mesoamericano desde un punto de vista mecánico. Quizás la más básica, incluyendo una discusión clara de las calculaciones numéricas utilizadas en el calendario, es An Introduction to the Study of Maya Hieroglyphs *por Sylvanus Morley, reimprimido por Dover Books en 1975.* Deciphering Maya Hieroglyphs *por Christopher Jones, publicado por The University Museum (1984), incluye explicaciones claras y concisas de los mecanismos del calendario mesoamericano, con un énfasis en los varios sistemas mayas para calcular el tiempo.*

3. Conocido como el "Año Vago" o el *haab, el ciclo de 365 días es en realidad más corto que el año solar. Sin embargo, es la unidad de tiempo más cercana a la duración del ciclo agrícola, y consiste de diez y nueve*

glyphs, reprinted by Dover Books in 1975. Christopher Jones' *Deciphering Maya Hieroglyphs*, published by The University Museum (1984), includes clear and concise explanations of the workings of Mesoamerican calendars, with an emphasis on the various Maya time-keeping systems.

3. Referred to as the "vague year" or the *haab,* the 365-day cycle is actually slightly shorter than the solar year. It is, nevertheless, the unit of time closest to the duration of the agricultural cycle, consisting of nineteen months (eighteen of 20-day duration and a final month of 5 days).

There are many theories that seek to explain the rationale of the Mesoamerican 260-day Sacred Almanac. One suggests that the cycle was devised as a human counterpart to the agricultural cycle because this time period roughly corresponds to the period of human gestation. This explanation, however, has not been seen as a convincing one by most Mesoamericanists.

4. In Mesoamerica, the two calendars of 260 and 365 days were almost always interrelated; if only one cycle was noted, the other was taken for granted.

5. The average human life span of pre-Hispanic man is not known, although life expectancy information does exist for Colonial Period indigenous populations. Those data, however, are influenced by the introduction of European diseases.

6. The sun out of view at night is referred to as the Jaguar God of the Underworld, also known as God III of the Palenque Triad.

7. Mesoamerican calendar specialists were charged with giving newborn infants names consisting of a number and a day from the 260-day Sacred Round. See Miller 1974 for a discussion of child naming based on the calendar.

8. The earliest Sacred Round date known from Mesoamerica comes from San José Mogote in the Valley of Oaxaca. Dated by Flannery and Marcus to the Rosario Phase (700/650 B.C. to ca. 500 B.C.), Monument 3 depicts two glyphs composed of a dot (the number one) and a *xoo* or "earthquake" sign from the 17th day of the Zapotec 20-day name list of the 260-day calendar (Flannery and Marcus 1983:53–60; fig. 3.10).

9. The earliest extant Long Count dates are from monuments found on Guatemala's Pacific Coast; the dates range between ca. 100 B.C. and ca. A.D. 100.

10. See Linton Satterthwaite's "Calendrics of the Maya Lowlands" (1965) for an insightful discussion of how the Maya Long Count or Initial Series builds upon the structure of the basic Mesoamerican Calendar Round.

11. "Distance numbers" are the most purely durational temporal designations in Classic Maya notations.

12. The unit of 260 *tuns* (of 360 days each) is clearly related in structure to the pan-Mesoamerican 260-*kin* (24-hour day) round. The magnification or "ballooning" of the Sacred Round days into multiples of what was clearly a "calculator's year" (*tun*) suggests that the Maya were trying to give a cyclical cast to what was primarily a unit of elapsed time. As such, it betrays a typically Maya pattern of casting new ideas or, as in this case, innovative time concepts within the matrix of older ones.

13. Herein lies the motivation for recording enormous time cycles: to say that even what is basically cyclical time can appear to be like lineal time.

14. See note 2.

15. Each Calendar Round date had a qualitative aspect: each day was regarded as favorable, unfavorable or neutral for both agricultural and cultural activities. Knowing a Calendar Round date involved knowing what kind of day it was preordained to be.

16. See note 2.

meses (diez y ocho meses de 20 días y un mes final de 5 días).

Se ha sugerido que el ciclo de 260 días fue inventado como el complemento humano al ciclo agrícola porque este lapso de tiempo corresponde aproximadamente al período de la gestación humana. Esta explicación, sin embargo, no es aceptada por la mayoría de los académicos que estudian a Mesoamérica.

4. *En Mesoamérica los dos calendarios de 365 y 260 días estaban casi siempre correlacionados; si se anotaba solamente un ciclo, el otro se daba por entendido.*

5. *Se ignora la extensión de la vida del hombre precolombino, aunque hay datos de la expectativa de vida para grupos indígenas durante el Período Colonial. Sin embargo, esta información está afectada por la introducción de enfermedades europeas.*

6. *Al sol, cuando no se puede observar por la noche, se le refiere como el Dios Jaguar del Inframundo, también conocido como Dios III de la Triada de Palenque.*

7. *Mayas especialistas en el calendario eran responsables de dar nombres a los recién nacidos, nombres que consistían en un número y un día de la Rueda Sagrada de 260 días. Véase Miller (1974) para una discusión del nombramiento de niños basado en el calendario.*

8. *La fecha más temprana conocida de la Rueda Sagrada mesoamericana se encuentra en San José Mogote. Datada por Flannery y Marcus a la Fase Rosario (700/650 a.C.–500 d.C.), el Monumento 3 representa dos glifos compuestos de un punto (el número uno) y un* xoo, *o signo del "terremoto" del día 17 de la lista de 20 nombres de días en el calendario zapoteca de 260 días (Flannery y Marcus 1983, páginas 53–60; Fig. 3.10).*

9. *Las fechas más tempranas de la Cuenta Larga que hasta el momento se conocen, provienen de monumentos que se encuentran en la Costa Pacífica de Guatemala. Las fechas se extienden desde los años 100 a.C. hasta 100 d.C.*

10. *Véase "Calendrics of the Maya Lowlands" por Linton Satterthwaite (1965) para una discusión perspicaz de cómo la Cuenta Larga o Serie Inicial se edificó sobre la estructura básica de la Rueda Calendárica mesoamericana.*

11. *Números de distancia son las designaciones más puras de la duración del tiempo en el sistema de notación maya del Período Clásico.*

12. *La unidad de 260* tunes *(cada uno de 360 días) está claramente relacionada en su estructura a la Rueda pan-mesoamericana de 260* kines *(el día de 24 horas). La magnificación o la expansión de la Rueda Sagrada en múltiples de lo que fue claramente un 'año del calculador' (tun) sugiere que los mayas trataban de dar una semblanza cíclica a lo que era principalmente una unidad del tiempo transcurrido. Como tal, revela un patrón típicamente maya en fundir nuevas ideas, o como en este caso, conceptos innovadores del tiempo dentro de una matriz de conceptos antiguos.*

13. *Aquí yace la motivación para anotar enormes ciclos del tiempo: para poder decir que aún lo que es básicamente tiempo cíclico puede aparecer ser como tiempo lineal.*

14. *Véase nota número 2.*

15. *Cada fecha de la Rueda Calendárica tenía un aspecto cualitativo: cada día se consideraba favorable, desfavorable o neutral para las actividades agrícolas y culturales. El saber la fecha en la Rueda Calendárica implicaba el saber qué clase de día estaba preordenado.*

16. *Véase nota número 2.*

II: DEATH AND REBIRTH OF TIKAL RULERS

Tombs are for the living and they tell us more about the quick than the dead. My focus in this chapter is on actions deriving from the death of divine rulers, a topic that has attracted much comment since the time of Frazer's *The Golden Bough*. The splitting of divine kingship into its mortal and immortal aspects—the problem of legitimacy and the continuance of rulership in the face of the inevitable termination of life—has been discussed in various cultural contexts (see Feeley-Harnik 1985). However and wherever viewed, the study of divine kingship must deal with how survivors regard the death of select persons in contrast to all others. The death of divine rulers is, therefore, an opportunity to examine where and how the junctures of mortality and immortality are formed between rulers and the ruled. Although a topic of secondary interest here, this study may also clarify the mechanisms of political domination and subordination from a new perspective.

My purpose here is to examine a set of funerary contexts composed of tombs and associated architecture and sculpture in order to ascertain their meaning for the people who made them. The main issue is divine kingship and how attitudes towards rulership are revealed in the works associated with the death of a ruler. Some of the evidence is written: texts about kings' lives, as well as 16th-century Maya documents about the mythic origins of rulers. I therefore hope to avoid some of the gaffes that can result from extrapolating "collective representations about death directly from the evidence of material culture" (Bloch and Parry 1982: 36).[17]

The ancient Maya were one of the most architecurally energetic pre-Hispanic groups, leaving impressive stone and stucco remains in a tropical lowland jungle and savannah environment (Fig. 6). Now sparsely populated, the area's only modern architecture consists of the few hotels set up to house tourists who come to see the ancient ruins. A question that immediately comes to mind in this unpropitious setting is why the Maya bothered to build such elaborate structures, and particularly why many of the most impressive were erected upon the death of the rulers they commemorate. I think it most likely that Tikal's death architecture and its embellishment visually explains and justifies the rules of succession for Tikal kings, and that the calendar served as a model for these rules.

One explanation for what has been characterized as the Lowland Maya "regional material symbol system of the Late Preclassic" (Freidel 1979a: 50; 1979b) is shared concepts of rule. I would further hypothesize that certain sites and their rulers dominated the region for brief periods. Thus, for the Late Preclassic Period (ca. 200 B.C.–ca. A.D. 250), and for most of the Early Classic

II. MUERTE Y RENACIMIENTO DE LOS SOBERANOS DE TIKAL

Las tumbas revelan más sobre los vivos que sobre los muertos. Mi enfoque en este capítulo es en las acciones que se derivan de la muerte de los soberanos divinos, un tema que ha recibido mucha atención desde la época de The Golden Bough *por Frazer. La partición de la soberanía divina en sus aspectos mortales e inmortales—el problema de legitimidad y la continuación de la soberanía al enfrentar la inevitable terminación de la vida—se ha discutido en varios contenidos culturales (véase Feeley-Harnik, 1985). Visto de cualquier forma, el estudio de la soberanía divina tiene que tratar con la manera cómo los sobrevivientes consideran la muerte de los gobernantes en contraste a todos los demás. Así que la muerte de los soberanos divinos provee una oportunidad para examinar dónde y cómo se forman las conexiones entre la mortalidad y la inmortalidad, y entre los gobernantes y los gobernados. Aunque un tema de interés secundario, este estudio posiblemente clarificará los mecanismos de dominación y de subordinación política desde una nueva perspectiva.*

Mi intención aquí es examinar un grupo de contextos funerarios compuestos de tumbas (y la arquitectura y escultura asociadas con éstas) y así determinar su significado para la gente que las construyeron. El tema principal es la soberanía divina, y cómo las actitudes hacia la soberanía se revelan en las obras asociadas con la muerte de un gobernante. Alguna de la evidencia es escrita: textos sobre la vida de los reyes, junto con documentos mayas del siglo XVI que relatan los orígenes míticos de los monarcas. Espero de esta manera poder evitar algunas de las equivocaciones que pueden resultar al extrapolar "representaciones colectivas de la muerte directamente de la evidencia de la cultura material" (Bloch y Parry 1982, página 36).[17]

Los mayas precolombinos fueron uno de los grupos prehispánicos más energéticos en la construcción, dejando restos impresionantes en piedra y estuco en las junglas y savanas de las tierras bajas tropicales (Fig. 6). En estos días de poca población, las únicas obras modernas arquitectónicas de la área son algunos hoteles establecidos para los turistas que llegan a visitar las ruinas. Una pregunta que inmediatamente viene a la mente en cuanto se refiere a este ambiente desfavorable es el porqué los mayas construyeron estas estructuras tan elaboradas y particularmente la razón por la cual las más impresionantes se erigieron al morir sus soberanos. Yo creo

Period (ca. A.D. 250–550), the office of kingship may have rotated among a Maya nobility consisting of several equally ranked families that shared similar rules of succession. The seat of power may have also shifted from place to place, most likely following the residence of the ruler currently in power. The sites of El Mirador, Cerros, Kohunlich, Lamanai and Uaxactun appear to have been large settlements during the Preclassic, and may have served in turn as the Maya capital. Joyce Marcus's study (1976a) on the patterning of "emblem glyphs," or site names, at lowland Maya cities supports the supposition that Tikal gradually became a primary center of the Lowland Maya.

By the end of the Early Classic Period, the rules of succession had changed and the principle of dynastic or single family rule was firmly entrenched. The dynasties carried out this change by consciously downplaying the repeating or cyclical quality of time, which was the calendrical model for earlier rules of succession, in favor of bringing its durational aspects to the fore. If time could be represented as lineal rather than cyclical, then lineal succession of a single family line only would be appropriate for Tikal kings, because the calendar had always served as the model for royal succession. Change the calendar and you can change the people. It was an ingenious political ploy that was for a period spectacularly successful, not only at Tikal, but also at several other Late Classic Lowland Maya sites. The means by which it was effected involved a transformation of architectural iconography.

Tikal's death architecture and sculpture are material expressions of a rite of passage (van Gennep 1960), carried out upon the death of a Tikal king and the accession of his successor. These symbolic forms visually articulate time, first cyclical then lineal, as the temporal metaphor for the continuance of legitimate power. The earlier ideology favoring cyclical or repetitive aspects of time provided support for the idea that the institution of kingship endures although the king dies, and the early Tikal configuration of architecture and sculpture associated with royal burials emphasizes these cyclical aspects. Later, however, in the Late Classic Period, this ancient view of rulership was suppressed and subordinated to one that favored its unidirectional progression, a shift that corresponded to a change in emphasis from the sacred institution of kingship to individual divine rulers. As new architectural and sculptural forms were developed, new prominence was given to the Long Count calendar over the Calendar Round. By replacing an older concept of divine kingship based on cyclical time with one based on lineal time, Tikal's later rulers justified their continued dominance in a single family line.

The ancient Maya manipulations of the calendar, stressing its cyclicity or its lineality, were not primarily means of denying the finality of death. Leach (1961) argues that merging the two opposing time systems—the repetitive and the irreversible durational—permits cultures to frame

que la arquitectura mortuaria de Tikal y sus embellecimientos explican y justifican visualmente las reglas de sucesión de los reyes de Tikal, y que el calendario funcionó como un modelo para estas reglas.

Durante el Período Preclásico Tardío (200 a.C.–250 d.C.) y la mayor parte del Período Clásico Temprano (250–550 d.C.) el cargo de la monarquía giraba alrededor de una aristocracia maya la cual consistía de varias familias que poseían en común el mismo rango y los mismos códigos de sucesión. Es posible que el poder del soberano también pasara de un lugar a otro, posiblemente hacia el local de la residencia del soberano en poder. Los centros de El Mirador, Cerros, Kohunlich, Lamanai y Uaxactún aparentemente fueron grandes asentamientos durante el Preclásico y es posible que éstos sirvieran como capitales mayas. El estudio por Joyce Marcus (1976a) del patrón de distribución de "glifos emblemas", o nombres de centros mayas en las tierras bajas, apoya la idea que Tikal llegó a ser el centro primordial de los mayas de las tierras bajas.

Al final del Período Clásico Temprano, las reglas de sucesión habían cambiado y la base de la soberanía dinástica fue introducida. Para llevar a cabo este cambio, las dinastías conscientemente desenfatizaron la cualidad cíclica del tiempo, la cual era el modelo calendárico para las anteriores reglas de la soberanía. Los aspectos de la duración del tiempo en este entonces llegaron a la prominencia. Si se representaba el tiempo linealmente y no cíclicamente, la sucesión de un sólo linaje sería apropiado para los reyes de Tikal dado que el calendario siempre servía como el modelo para la sucesión real. Al cambiar el calendario, se cambia el pueblo. Esta fue una estrategia política muy ingeniosa y de mucho éxito durante un tiempo, no sólo en Tikal, pero también en otros centros mayas de los tierras bajas durante el Clásico Tardío. El medio por lo cual se efectuó este cambio fue a través de una transformación de la iconografía arquitectónica.

La arquitectura y escultura mortuaria de Tikal es, en el sentido de Van Gennep (1960), una expresión material de un rito de pasaje que ocurre a la muerte de un rey de Tikal y la accesión del sucesor. Estas formas simbólicas articulan visualmente el tiempo, primeramente cíclico y después lineal, como una metáfora temporal para la continuación del poder legítimo. La primera ideología que favorece los aspectos cíclicos o repetitivos del tiempo apoyaba la idea que la soberanía continuaba aún cuando el rey moría. La configuración de arquitectura y escultura asociada con enterramientos reales enfatizan el aspecto cíclico del tiempo. Durante el Período Clásico Tardío, este concepto antiguo de la soberanía fue erradicado. La concepción maya del tiempo cíclico fue subordinado por una que favorecía la idea del tiempo como una progresión unidireccional,

ideologies that "muddle" beginnings and ends, so that birth can appear to follow death despite overwhelming evidence to the contrary. For the Maya, rulership was modeled on the calendar. If the system of rulership was to change, the calendar had to change first. The Maya viewed the cyclicity and lineality of time as two aspects of the same phenomenon. That they stressed one over the other at different times signaled differing political concepts that were modeled on the calendar and that directed the Maya social order.

The Place Where the Ancestral Gods Dwell

The funerary remains of Tikal consist of elaborately ornate architecture built over richly stocked tombs. My specific concern here is with royal burials and architecture, as distinct from those of commoners. At Tikal, as in other Maya sites, the dead were buried beneath the floors of houses inhabited by their living relatives. Surviving family members kept their ancestors close to them, literally, by placing the lifeless remains in special subterranean chambers of their houses. These rooms were not always sealed for eternity, but in some sites were reentered by family members to satisfy the need to communicate with their dead relatives. Rulers were also placed in the home of their family, but unlike commoners, the family of the rulers was that of the gods, who lived in a place distinct from where rulers had resided while flesh-and-blood mortals. The special place set aside to house the royal dead was, the Maya believed, the same place where their ancestors the gods dwelled.

correspondiendo a un cambio en énfasis de la institución de la soberanía al gobernador individual divino. Mientras que se desarrollaban nuevas formas arquitectónicas y esculturales, se le dió nueva importancia al calendario de la Cuenta Larga sobre la Rueda Calendárica. Al reemplazar un concepto más antiguo de la soberanía divina basada en el tiempo cíclico con uno basado en el tiempo lineal, los gobernantes posteriores de Tikal justificaron su dominación contínua en una sóla familia.

Las manipulaciones del calendario por los mayas precolombinos enfatizando lo cíclico o lo lineal, no eran distintos modos de negar la finalidad de la muerte. Leach (1961) razona que la fusión de los dos sistemas opuestos de medir el tiempo—lo repetitivo y lo irrevocable—permite a una cultura "enredar" el principio con el final de tal forma que el nacimiento aparenta seguir la muerte a pesar de evidencia a lo contrario. Para los mayas, la soberanía se modelaba por el calendario. Para que el sistema de soberanía cambiase, primero habría que cambiar el calendario. Los mayas consideraban lo cíclico y lo lineal del tiempo como dos aspectos del mismo fenómeno. Enfatizaron uno sobre el otro al señalar la acción de diferentes conceptos políticos modelados a base del calendario.

El Lugar Donde Yacen los Dioses

Los restos fúnebres de Tikal consisten de una arquitectura adornada en exceso, construída sobre tumbas espléndidamente surtidas. Mi interés espe-

7. Artist's conception of Tikal at A.D. 1000, a century after abandonment. (Painting by Russell Hoover)

7. Tikal en el año 1000 d.C., después de su abandono, según el artista. (Pintura por Russell Hoover)

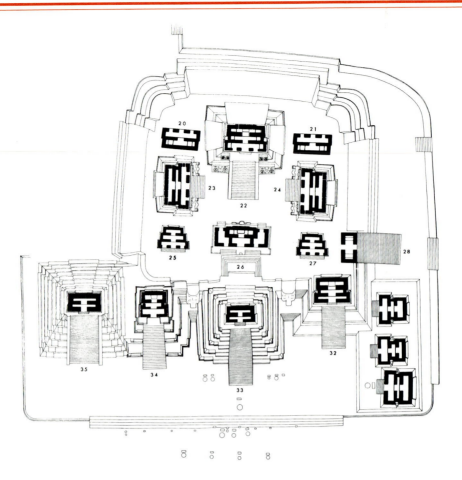

8. Plan of the North Acropolis in the 8th century. (By William R. Coe; from Coe 1967:42)

8. *Plano de la Acrópolis Norte durante el siglo VIII. (Coe 1967:42; según William R. Coe)*

9. Sculpture of newborn anthropomorph representing kingship rising from the night-sun jaguar head. The scroll motifs probably represent water. East face of Str. 5D-23-2nd. (Drawing by William R. Coe)

9. *Escultura de un antropomorfo recién nacido representando la soberanía saliendo de la cabeza del jaguar noche-sol. Los motivos de volutas probablemente representan el agua. La fachada este de la Estructura 5D-22-2a. (Dibujo por William R. Coe)*

cífico aquí es en los entierros reales y la arquitectura, vis-à-vis *los de la gente común. En Tikal, como en otros centros mayas, se enterraban las personas debajo del piso de la casa habitada por los familiares. Los familiares mantenían cerca a sus antepasados, literalmente, colocando los restos de éstos en cámaras subterráneas debajo de las casas. Estas cámaras no siempre se cerraban para la eternidad, pero algunas veces miembros de la familia entraban a las cámaras para satisfacer la necesidad de comunicarse con los familiares muertos. Los soberanos también se enterraban debajo de sus casas. Pero distinto a la gente común, la familia de los soberanos era la de los dioses quienes vivían en un lugar diferente a donde habían residido los monarcas como mortales. Los mayas creían que el lugar para albergar los cuerpos de los soberanos era donde yacían sus antepasados los dioses.*

Fuentes escritas, la mayoría del siglo XVI, nos informan que los dioses mayas del Inframundo vivían en el mundo subterráneo representado por las cuevas en las colinas a la base de la Península de Yucatán. De ahí emergían en varias formas como fuerzas naturales que afectaban la vida de los mortales. Este mundo subterráneo está descrito en el Popol Vuh de los mayas-Quiché.[18] Entre otras cosas, el documento relata una creencia maya antigua que mortales selectos llegaron a ser gobernantes por su

Written sources, most of them dating from the 16th century, tell us that the Maya Underworld gods lived inside caves in the foothills at the base of the Yucatan Peninsula. From there they emerged in various forms of natural forces affecting the existence of mortals. This underworld place is described in the 16th-century Quiche Maya document known as the *Popol Vuh*.[18] Among other things, the document recounts an ancient Maya belief that select mortals became rulers by dint of their defeat of the gods living beneath the surface of the earth. The story as told in the *Popol Vuh* specifically names two brothers known as the Hero Twins, who succeed in tricking these deities and pass through the Underworld realm where all other mortals inevitably end their existence. The myth can be interpreted as a Maya explanation of why and how certain individuals become rulers, characterizing them as cyclically passing through the Underworld to emerge, reborn, as the next generation of a ruling family. In the *Popol Vuh*, the Hero Twins, probably representative of rulers in general, emerge from the Underworld caves as the sun and Venus.[19] It seems likely that the sun and Venus become astronomical symbols for rule itself, symbols which appear to have been invoked in the imagery of royal funerary contexts at Tikal and elsewhere in the Maya lowlands.

The region around Tikal has no caves but a special place was set aside at Tikal as the symbolic Underworld, and it was here, inside a hill north of the site's main plaza, that rulers were interred. It was viewed by the Tikal Maya as the place where the deified ancestors of rulers also dwelled. The purpose of this action is obvious. Rulers, as in the myth of the Hero Twins, were not subject to death in the Underworld. Rather they reemerged in the form of their legitimate heirs. That an heir may already have been born prior to a ruler's death did not matter. The divine power of rulership passed on to the heir upon the death of the ruler after appropriate ritual action. The physical remains of these rituals are the funerary monuments at Tikal. These impressive structures and their associated tombs form the primary data which can suggest to us the articulation of Maya rules of succession.

In order to replicate the caves of the mountainous southern Maya highlands believed to be the home of the ancestral gods, the Lowland Maya excavated tombs into the caveless bedrock of an elevation dominating the site of Tikal. It is probable that this hill, on the northern edge of which the Maya built the architectural complex known as the North Acropolis, was, since ca. 600 B.C., designated as sacred ground for the burial of Tikal rulers. The selection of this high ground as a repository for Tikal's first rulers was based in part on its location vis-à-vis the rest of the city. It dominates the north and faces south toward the traditional Maya Underworld. The dead rulers were buried below, in the bedrock whenever possible; this is the symbolic south, the *Xibalba* of the *Popol Vuh*, the cave-like entrance to the Underworld.

Beginning ca. 200 B.C., the North Acropolis underwent

victoria sobre los dioses que residían debajo de la superficie de la tierra. Como se relata en el Popol Vuh, *dos hermanos específicamente conocidos como los Héroes Gemelos pudieron engañar a estas deidades y entrar al Inframundo donde la humanidad inevitablemente pierde su existencia. El mito es una explicación maya de porqué y cómo ciertos individuos alcanzan ser soberanos, caracterizándolos como pasando cíclicamente por el Inframundo para emerger, renacidos, como la generación siguiente de una familia gobernante. En el* Popol Vuh, *los Héroes Gemelos, probablemente representativos de los soberanos en general, emergen de las cuevas del Inframundo como el sol y Venus.[19] El sol y Venus llegaron a ser símbolos astronómicos para la misma soberanía, y se invocaban estos símbolos repetidamente en el contenido de funerarios reales en Tikal y en otros sitios de las tierras bajas mayas.*

En la región alrededor de Tikal no hay cuevas, pero se apartó un lugar especial para servir como un mundo subterráneo simbólico, y era aquí, dentro de una colina al norte de la Plaza Mayor que se enterraban a los soberanos. Era visto por los mayas de Tikal como el lugar donde yacían los antepasados deificados de los soberanos. El objetivo de esta acción es obvio. Los soberanos, como en el mito de los Héroes Gemelos, no eran dominados por la muerte en el Inframundo. Más bien, reemergerían en la forma de sus herederos legítimos. No importaba que el heredero hubiese nacido antes de la muerte del soberano. El poder divino de la soberanía pasaba al heredero a la muerte de su predecesor después de la acción ritual apropiada. Los restos físicos de estos rituales son los monumentos fúnebres en Tikal. Estas estructuras impresionantes forman nuestros datos principales para entender las reglas mayas de la sucesión de la soberanía.

Para poder replicar el hogar de los dioses (las cuevas en las montañas de las tierras altas mayas del sur) los mayas de las tierras bajas excavaron tumbas en el lecho de roca en una localización elevada de Tikal. Al margen norte de esta colina los mayas construyeron un complejo arquitectónico conocido como la Acrópolis Norte. Es probable que ésta fue designada como tierra sagrada para el enterramiento de los soberanos de Tikal, desde sus principios cerca del 600 a.C. La selección de este sitio elevado como un repositorio para los primeros soberanos de Tikal se determinó en parte por su localización vis-à-vis el resto de la ciudad. La Acrópolis Norte domina el norte de la ciudad, con dirección hacia el sur donde se encuentra el Inframundo tradicional de los mayas. Cuando era factible se enterraban los soberanos muertos en el lecho de piedra; éste es el sur simbólico, el Xibalba del Popul Vuh, la entrada que se asemeja a una cueva del Inframundo.

Comenzando cerca del año 200 a.C., en la colina

a series of increasingly audacious construction projects, until the massive Early Classic subplatform reached an extent of 100 by 80 meters and 10 meters high, supporting eight buildings (Fig. 8). In all its complex stages of development, the North Acropolis was always used as a unifying supporting platform on which the smaller specialized structures we call temples[20] were built, arranged to face the cardinal directions. Like the platform itself, these temples underwent successive changes; the north central building, for example, was enlarged a total of six times.[21] Because it is in the bedrock itself or in the platform that most of the burials in the North Acropolis were found, the temples soaring into the sky are not specifically markers for burials, nor are they memorials for the dead in the sense of the Western cenotaph.[22] They are, rather, primarily testaments to continued rule based on the proven authority of the dead rulers. While the ruler's tomb contains his body, the temple building above and its sculpture proclaim the continuance of rulership. Kingly funerary activity was therefore divided into two spheres, one pertaining to the king's body and one pertaining to his office. Here we see something of the distinction made by Evans-Pritchard (1948) when he asserted that it is "the kingship and not the king who is divine." I doubt, however, that the Maya made the same kind of separation between the king's body and his office that is drawn by Evans-Pritchard and others when they seek to understand divine kingship in such differing cultural contexts as Africa, England and France. I do, however,

de la Acrópolis Norte se construyó una serie de proyectos arquitectónicos audaces, hasta que la subplataforma masiva del Período Clásico Temprano alcanzó una extensión horizontal de 100 metros por 80 metros y 10 metros de altura, sosteniendo ocho edificios (Fig. 8). A pesar de la intrincación de las etapas de desarrollo, siempre se usó la Acrópolis Norte como una base para sostener varias estructuras más pequeñas que llamamos templos.[20] Estos se colocaron mirando a las direcciones cardinales. Como la plataforma, estos templos pasaron por cambios sucesivos. Por ejemplo, el edificio central del norte se engrandeció seis veces.[21] La mayoría de las tumbas de la Acrópolis Norte se encuentran en la plataforma o en el lecho de piedra; por eso los templos en sí ni marcan las tumbas ni conmemoran a la presente soberanía en el sentido del cenotafio occidental.[22] Son, principalmente, testimonios al dominio continuo de los líderes fallecidos basado en su autoridad probada.

Mientras que la tumba del soberano contiene su cadaver, los templos encima y su escultura proclaman la continuación de la soberanía. De esta manera la actividad funeraria que rodea los soberanos se divide en dos esferas: la primera pertenece al cuerpo del soberano y la segunda concierne su oficio. Vemos en el caso maya algo de las distinciones observadas por Evans-Pritchard (1948) cuando afirmó que es "la soberanía y no el soberano que es

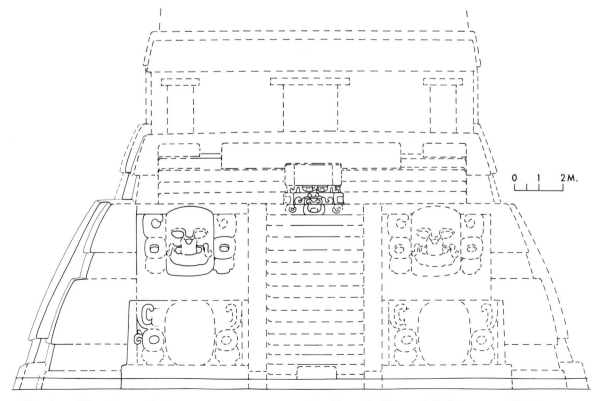

10. Front elevation of Str. 5D-22-3rd, showing 4 images of rulership following the central image of the sun god. (Drawing by William R. Coe)

10. *Elevación frente de la Estructura 5D-22-3a, demostrando 4 imágenes de la soberania siguiendo a la imagen central del dios sol. (Dibujo por William R. Coe)*

think the Maya made a significant distinction between the royal tomb itself, containing the king's body with its paraphernalia, and the building and sculpture associated with it. For the Maya, the difference was one of function: the tomb became the ruler's home, the Underworld from which he originated, while the associated architecture and sculpture proclaimed the future of his kingdom. It is here on the above-ground structures, often built upon the death of rulers, that the Maya emphasis on time's cyclicity or lineality comes into view.

Maya funerary architecture and sculpture are what Firth (1936) described for the graveyards of Tikopia as symbolic representations of the social order. These funerary monuments are "the enduring units of society and provide the material symbol of their continuity" (Bloch and Parry 1982:33]. For Tikal, most of the evidence for "the idealized map of the permanent social order" (Bloch and Parry 1982:35) is in the form of these visual images and coeval written texts. They not only reveal the succession of named Tikal rulers but also chart out how the expression of the right to rule—the visual and textual justification for power—was transformed in the context of changing political and economic fortunes of Tikal from ca. A.D. 250–750.

Images of Rulership

Maya architects did not completely destroy earlier "obsolete" temples. Instead they built new temples over earlier ones, convering and preserving most of the construction history at one locus, although dismantling or "chopping" did take place. The result is not unlike an onion-skin layering of architectural history. Aware of the Maya practice, University Museum archaeologists stripped away more recent temples to uncover earlier

11. Kinich Ahau image on Str. 5D-22-3rd. (Photograph by William R. Coe)

11. *La imagen de Kinich Ahau en la Estructura 5D-22-3a. (Fotografía por William R. Coe)*

divino''. Sin embargo, yo dudo que los mayas hicieron la misma clase de separación entre el cuerpo del soberano y su oficio como dice Evans-Pritchard y otros quienes tratan de entender la soberanía divina en contextos culturales tan diferentes como los de Africa, Inglaterra y Francia. Creo que los mayas sí distinguían entre la tumba real en sí, con el cadaver del rey con sus bienes parafernales, y el edificio y escultura asociada con ésta. Para los mayas era una diferencia funcional: la tumba llegó a ser el hogar del rey, el Inframundo de donde él se originó, mientras que la arquitectura y escultura visibles proclaman el futuro de su reino. Es en esta arquitectura, que frecuentemente se construyó a la muerte de un soberano, donde se enfoca el énfasis maya en el tiempo cíclico o lineal.

La arquitectura y escultura fúnebre maya son simbólicamente idénticas en significado a lo que Firth (1936) describió acerca de los cementerios de Tikopia: representaciones simbólicas del orden social. Estos monumentos fúnebres son ''los elementos constantes de la sociedad y abastecen la materia simbólica de su continuidad'' (Bloch y Parry 1982, página 33). La mayoría de la evidencia para establecer ''un mapa idealizado del orden social permanente'' (Bloch y Parry 1982, página 35) es en la forma de imágenes visuales y textos escritos coetáneos. Estas fuentes no solamente revelan la sucesión de los soberanos de Tikal, sino que también trazan cómo la expresión del derecho a reinar—la justificación del poder visual y textual—se transformó en el contexto de cambios en las fortunas políticas y económicas de Tikal entre los años 250 y 750 d.C.

Imágenes de la Soberanía

Los arquitectos mayas no destruían por completo los templos ''anticuados'' de épocas anteriores. En vez de ello, construían nuevos templos encima de los antiguos, cubriendo y preservando la historia de la construcción de una localización. Como resultado, se puede decir que la historia arquitectónica se basa en la superimposición de estructuras. Consciente de esta costumbre maya, los arqueólogos de The University Museum de la Universidad de Pennsylvania removieron los templos más recientes para así descubrir los más antiguos. En un caso, en el lugar de la Estructura 5D-33, fue necesario desmantelar totalmente la última construcción para poder entender su predecesora.[23] (Se numera la secuencia de templos en el orden en el cual se descubren. Así, la Estructura 5D-33-1a se removió para descubrir la Estructura 5D-33-2a, la cual fue parcialmente desmantelada para revelar la Estructura 5D-33-3a, el templo más antiguo en este lugar.)

Tal proceso se llevó a cabo en la Acrópolis Norte e hizo posible reconstruir los cambios diacrónicos de

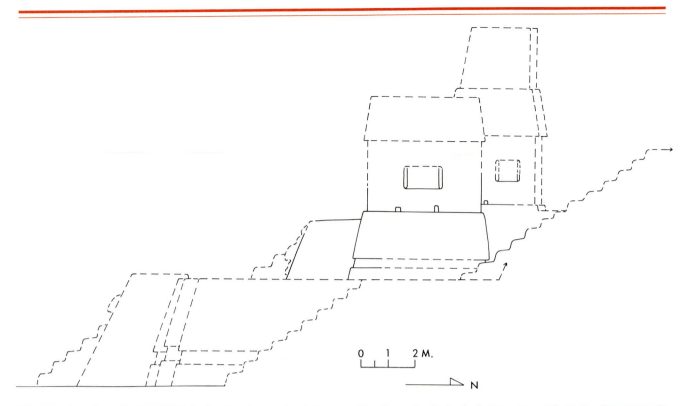

0   1   2 M.

N

12. Side elevation of Str. 5D-33-2nd, showing the tandem linking of paired temple shapes. (Drawing by William R. Coe)

12. *Elevación lado de la Estructura 5D-33-2a, demostrando el enlace doble de apareadas formas de templos. (Dibujo por William R. Coe)*

ones. In one case, at the Structure (Str.) 5D-33 locus, the latest building had to be completely dismantled in order to understand its predecessor.[23] (Sequential temples are numbered in the order they are uncovered. Thus, Str. 5D-33-1st was removed to uncover Str. 5D-33-2nd, and it in turn was partially dismantled to reveal Str. 5D-33-3rd, the earliest temple at this locus.)

Such painstaking peeling of architectural layers in the North Acropolis made it possible to reconstruct the architectural and sculptural changes through time at Tikal. It is these data which provide the material basis with which to link modifications in architecture and sculpture with changes in political orientation. We begin with the royal temples of the Early Classic Period.

Enormous stuccoed facial images, originally painted in reds, blues, yellow and black,[24] cover the front surfaces of Early Classic temple substructures. They are the most conspicuous images of Tikal kingship. Huge anthropomorphic visages including animal features and ritual regalia commonly called "grotesques" (perhaps one of the more ethnocentric epithets in the lexicon of Maya archaeology), these sculptures most often depict the sun in its various aspects, nature's most obviously cyclical entity. The visual message so prominently displayed on Tikal's Early Classic funerary monuments seems clear: like the sun, rulership is cyclically reborn after its descent into the Underworld in the western sky; despite a period out of view in the Underworld, where both the sun and the dead king reside, they both reemerge to continue the function of nurturing and directing the social order. An example of such a visual message can be seen on the substructure of the royal funerary temple known as Str. 5D-

la arquitectura y escultura en Tikal. Son estos datos los que proveen la base material para relacionar las modificaciones en la arquitectura y escultura con cambios en la orientación política. Comenzamos con los templos reales del Período Clásico Temprano.

Enormes rostros de estuco, originalmente pintados en rojo, azul, amarillo y negro,[24] cubren las fachadas de las subestructuras de los templos del Período Clásico Temprano. Son las imágenes más conspicuas de la soberanía en Tikal. Enormes rostros con facciones de animales y regalia ritual usualmente llamados "grotescos" (quizás uno de los epítetos más etnocéntricos en el léxico de la arqueología maya), representan frecuentemente el sol, evidentemente la entidad más cíclica de la naturaleza. El mensaje visual presentado tan prominentemente en los monumentos funerarios de Tikal del Período Clásico Temprano parece claro: como el sol, la soberanía renace cíclicamente después del descenso al Inframundo en el cielo occidental. A pesar de que el sol y el soberano fallecido residen temporalmente en el Inframundo, los dos reaparecen para continuar sus funciones de educar y dirigir el orden social. Un ejemplo de tal mensaje se puede observar en la subestructura del templo funerario real conocido como Estructura 5D-23 (Fig. 9). En la parte del este, vemos el motivo escultural de un ser antropomórfico recién nacido, simbólico de la institución de la soberanía renacida. Este descansa sobre una imagen maya del sol. Porque el sol se

13. Front elevation of Str. 5D-33-2nd. (Drawing by William R. Coe)

13. *Elevación frente de la Estructura 5D-33-2a. (Dibujo por William R. Coe)*

23 (Fig. 9). On the east face, we see the sculptural motif composed of a newborn anthropomorphic being, symbolic of the reborn institution of kingship, resting on top of a Maya image of the sun. Because the sun is shown rising, it carries with it Underworld associations. The sun is represented as a Jaguar—the sun at night or, in Maya terms, in the Underworld. The jaguar is the Maya manifestation of the sun in the night sky because it is primarily a nocturnal hunter. It is associated with water and the mat or *pop* motif (symbolic of royalty). That the Underworld realm is linked with water has been suggested by painted scenes on Classic Maya pottery[25] and the iconography of ritual incense burners recently found near Tikal,[26] depicting the Sun God in association with fishlike creatures and underwater elements. Both the sun and the kingship are shown as abstract images, lacking specificity. They were clearly visible and easily understood by all the Maya who gathered in the Great Plaza below the North Acropolis, Tikal's traditional royal burial ground.

Another Early Classic Tikal image of kingship can be seen in the most prominent and perhaps the most important funerary shrine of the North Acropolis. Dominating its northernmost axial position, the building known as 5D-22 carries the major image of Maya kingship: *Kinich Ahau*—Our Lord the Sun, conspicuously marked with the *Akbal* day sign of the Sacred Round, often having nocturnal associations (Fig. 10). Incorporated into the steps of the temple's basal platform, facing the southerly direction of the caves from which Maya gods and lords originally emerged,[27] the image of *Kinich Ahau* is clearly shown with all his iconographic traits (Fig. 11).[28] Below

muestra saliendo, lleva consigo asociaciones del Inframundo. El sol se representa como un jaguar—el sol por la noche o, en términos mayas, en el Inframundo. El jaguar es la manifestación maya del sol en el cielo nocturno porque éste es principalmente un cazador nocturno. Además, el jaguar está asociado con el agua y el petate o el motivo pop (simbólico de la realeza). La idea que el Inframundo se asocia con el agua se sugiere a base de escenas pintadas en cerámica maya del Período Clásico[25] y en la iconografía de incensarios funerarios recién encontrados cerca de Tikal.[26] Los incensarios demuestran al Dios Sol en asociación con elementos submarinos y criaturas que se asemejan a peces. El sol y la soberanía se representan como imágenes abstractas, carientes de dimensiones concretas. Estas eran claramente visibles y fácilmente entendidas por todos los mayas quienes se reunían en la Plaza Mayor debajo de la Acrópolis Norte, el cementerio tradicional de la realeza de Tikal.

Se puede observar otra imagen de la soberanía del Período Clásico Temprano, más prominente y quizás más importante, en la capilla funeraria de la Acrópolis Norte. El edificio conocido como 5D-22 desplega insignemente en la posición axial del norte la imagen principal de la soberanía maya: Kinich Ahau—Nuestro Señor el Sol, perceptiblemente marcado con el signo del día de la Rueda Calendárica, Akbal, el cual a menudo se asocia con la noche (Fig. 10). Incorporado en las gradas de la base del templo, dirigida hacia el sur y las cuevas de donde los dioses y señores mayas emergieron originalmente,[27] se pre-

14. Architectural sculpture on Str. 5D-33-3rd. (Drawing by William R. Coe)

14. *Escultura arquitectónica en la Estructura 5D-33-3a. (Dibujo por William R. Coe)*

this sun image, flanking the stairway of the pyramidal base, are four repeating sculptures of anthropomorphs (reminiscent of the Olmec "baby-face jaguar" image). These visualizations of divine kingship embellishing the temple substructure appear to emerge from below, where dead kings repose in their tombs. Here they are shown following the sun depicted on the stairface, a dramatic representation of cyclical kingly succession. That there are multiple representations of anthropomorphs fronting the temple's substructure confirms the lack of specificity in representing kingship.

The shapes of Tikal's Early Classic funerary temples are another symbolic means for expressing the link between the cyclical reappearance of the sun and rulership's continuity. Seen in profile, the temples appear as linked trapezoids, one rising above the other (Fig. 12). It is possible that these paired temple profiles refer to the tandem linking of kingship and the sun. If so, the Early Classic theme of cyclical succession is restated: rulership is visualized as repeating the model of natural cyclic calendars, here represented by the sun's daily pattern.

Transition and Usurpation

Changes in Early Classic funerary architecture took place over a period of a century and a half, culminating on the eve of a decline marked by the complete cessation of stela erection (known as the "hiatus").[29] Apparently, this gap in the material record reveals a tear in the social fabric that may have provided an opportunity for

senta claramente la imagen de Kinich Ahau con todos sus razgos iconográficos (Fig. 11). Debajo de esta imagen del sol, flanqueando la escalera de la base de la pirámide, hay cuatro esculturas similares de antropomorfos (evocadoras de la imagen olmeca del "jaguar con cara de niño"). Estas visualizaciones de la soberanía divina que embellecen la subestructura del templo parecen emerger de abajo, donde los reyes muertos descansan en sus tumbas. Aquí se presenta siguiendo al sol esculpido en la escalera, una representación dramática de la sucesión cíclica de los reyes. Estas representaciones múltiples de antropomorfos en la fachada de la subestructura prueban que la representación de la soberanía no es siempre concreta.

Las formas de los templos funerarios del Período Clásico Temprano en Tikal son otro medio simbólico de expresar visualmente el vínculo entre la reaparición cíclica del sol y la continuidad de la soberanía. Vistos de perfil, los templos asemejan trapezoides ligados, uno ascendiente sobre el otro (Fig. 12). Es posible que estos pareados perfiles de templos se refieran al vínculo tándem entre la soberanía y el sol. Si es así, el tema de la sucesión cíclica del Período Clásico Temprano se redeclara: la soberanía se visualiza como repitiendo el patrón de calendarios cíclicos naturales, representado aquí por el movimiento cotidiano del sol.

Transición y Usurpación

Los cambios de la arquitectura funeraria del Período Clásico Temprano se llevaron a cabo durante un período de siglo y medio, culminando en la víspera de una declinación que fue marcada por la cesación completa de la construcción de estelas (este período se conoce como el "hiato").[29] Aparentemente, esta laguna en el registro material demuestra una rotura en el tejido social que pudo haber dado la oportunidad a usurpadores para cambiar el calendario y su iconografía como el modo de reescribir las reglas de la sucesión de los soberanos. Las semillas de este nuevo desarrollo ya estaban germinando antes del principio del hiato y son visibles en la arquitectura funeraria.

Mientras el Período Clásico Temprano maduraba, los reyes de Tikal comenzaron a alterar su énfasis en las reglas de la tradición cíclica de la sucesión al sistema político de la dinastía que caracterizó los últimos siglos de Tikal. Una evidencia de esta transición se puede ver en la arquitectura funeraria y en esculturas asociadas con dos de los más ambiciosos monarcas de Tikal. El primero de ellos fue conocido como Curl Nose, quien gobernó a Tikal desde el 379 al 426 d.C.; el segundo es su hijo y sucesor Stormy Sky, quien reinó desde el trono de Tikal del 426 al 457 d.C. El retrato de Curl Nose se encuentra en dos

15. Architectural sculpture on Str. 5D-33-2nd. Skeletal face of the sun in the Underworld, with profile figure and pedestal sculpture in its gaping maw. (Drawing by William R. Coe)

15. Escultura arquitectónica en la Estructura 5D-33-2a. Faz esquelética del sol en el Inframundo, con figura de perfil y escultura de pedestal en su mandíbula abierta. (Dibujo por William R. Coe)

usurpers to change the calendar and its iconography as a means of rewriting the rules of succession. The seeds of this new development were already germinating before the onset of the hiatus and are visible in funerary architecture.

As the Early Classic Period matured, Tikal kings began to alter their emphasis on traditional cyclical rules of succession to the dynastic political system that characterized Tikal's final centuries. The evidence for this transition can be seen in the funerary architecture and sculpture associated with two of Tikal's most ambitious monarchs. The first of these was known as Curl Nose, who ruled Tikal from A.D. 379–426; the second was his son and successor Stormy Sky, who sat on Tikal's throne from A.D. 426–457. Curl Nose's portrait comes down to us on two stelae and Stormy Sky's on four;[30] the longest text dealing with them both was found on the rear of Stormy Sky's portrait which most likely fronted his funerary monument (Fig. 20). Judging from this relatively lengthy text, they both seem to have had shaky claims to the Tikal throne and, like usurpers everywhere, expended considerable effort in justifying their rule. The changes evident in the iconography of their funerary architecture and sculpture illustrate how cyclical rules of succession were gradually transformed into the principal of dynastic succession so successfully exploited by Tikal's Late Classic rulers.

Curl Nose may have been entombed in an axially prominent place just to the south of Tikal's traditional

estelas y el de Stormy Sky en cuatro;[30] el texto más largo que trata con ellos dos fue encontrado en la parte posterior del retrato de Stormy Sky en el frente de su monumento funerario (Fig. 20). Juzgando por este texto, ambos parecen haber tenido reclamos inseguros para la toma de posesión del trono, y como usurpadores se esforzaron considerablemente en justificar su reino. Los cambios evidentes en la iconografía de su arquitectura y escultura mortuaria muestran cómo las reglas cíclicas de la sucesión se transformaron gradualmente a un principio de sucesión dinástica explotado con buen éxito por los soberanos de Tikal en el Período Clásico Tardío.

Curl Nose pudo haber sido enterrado en un lugar hacia al sur del cementerio tradicional de Tikal. El hecho que su tumba (el Entierro 48) quedó fuera del cementerio real de la Acrópolis Norte, indica que él fue un forastero tanto en la vida como en la muerte.[31] Clemency Coggins (1975) sugiere que él vino de las tierras altas mexicanas o de Kaminaljuyú y que pudo haber traído consigo ideas extranjeras. Cualquiera de las circunstancias para su reino en Tikal, a su muerte se construyó un templo con la fachada mirando hacia el sur (Estructura 5D-33-3a) sobre lo que se cree es su tumba. Lo que yo interpreto como el monumento funerario de Curl Nose fue literalmente reemplazado por el de su hijo (Estructura 5D-33-2a) (Fig. 13). La base sobreviviente de la primera estructura revela que el templo mortuario de Curl Nose estaba adornado prominentemente con dos esculturas polimórficas de estuco de unos 3 metros de altura. Estas representan calaveras con barbillas de pez saliéndoles de los dos lados de la boca (Fig. 14). La iconografía del agua y el Inframundo en estos rostros demuestra los mismos temas del renacimiento cíclico ya discutido. Lo que lo distingue de los demás templos de la Acrópolis Norte es que se dobló la escala del templo de Curl Nose, como para magnificar visualmente un principio antiguo de la soberanía que anteriormente se daba por supuesto. Es el sucesor inmediato de este edificio, la Estructura 5D-33-2a, construída después de la muerte del hijo de Curl Nose, Stormy Sky, que demuestra de una manera desmañada las reglas tradicionales de sucesión de Tikal. No se ha identificado con seguridad la tumba de Stormy Sky, y creo que existe la posibilidad que ésta haya sido destruída durante la construcción de 5D-33-1a. Los entierros 23 y 24 son intrusos a 33-2a y contienen artefactos datados a un período más tarde que el de Stormy Sky.

Se edificó la Estructura 33-2a (Fig. 13) a mediados del siglo V d.C. Su diseño y embellecimientos arquitectónicos permanecieron sin cambios notables hasta el final del siglo VII, cuando se desmanteló parcialmente para cubrirla después con la Estructura 5D-33-1a de 30 metros de altura. Visible desde la

16. Architectural sculpture on Str. 5D-33-2nd. Image of the sun emerging from the Underworld just before sunrise. (Drawing by William R. Coe)

16. *Escultura arquitectónica en la Estructura 5D-33-2a. Imagen del sol emergiendo del Inframundo antes del orto del sol. (Dibujo por William R. Coe)*

burial ground. That this tomb (Burial 48) is outside of Tikal's North Acropolis, where past kings had long been interred, implies that Curl Nose was an outsider in life as he was in death.[31] Clemency Coggins (1975) suggests that he came from the Mexican highlands or Kaminaljuyu and that he may have brought foreign ideas with him. Whatever the circumstances of his rule at Tikal, upon his death a south-facing temple (Str. 5D-33-3rd) was constructed above what is thought to be his tomb. What I interpret as Curl Nose's funerary monument was literally superseded by that of his son's (Str. 5D-33-2nd; Fig. 13). The surviving base of the first structure reveals that Curl Nose's funerary temple was prominently adorned with two 3-meter-high stuccoed polymorphic sculptures depicting skeletal heads with fish barbels emerging from the sides of their mouths (Fig. 14). Underworld and watery iconography in these facial images confirms that Curl Nose's temple exhibited the same kind of cyclical rebirth themes associated with Tikal's North Acropolis funerary temples discussed above. But the scale is doubled, as if to magnify visually an ancient principle of rule which earlier was taken for granted. It is this building's immediate successor, Str. 5D-33-2nd, built upon the death of Curl Nose's son Stormy Sky, that most awkwardly and self-consciously displays Tikal's traditional rules of succession. Stormy Sky's tomb has not been securely identified, and I think there is a possibility that it may have been destroyed during the construction of 33-1st. Burials 23 and 24 are intrusive into 33-2nd and contain artifacts dated to a later period than that of Stormy Sky.

Structure 5D-33-2nd (Fig. 13) was built in the middle of the 5th century A.D.; its striking design and architec-

plaza abierta frente de la Acropólis Norte por más de doscientos años, la Estructura 5D-33-2a representa la arquitectura y escultura funeraria más florida de Tikal durante el Período Clásico Temprano. De elementos desproporcionados, las terrazas de la base de la pirámide sobresalen de los lados de la escalera que se encuentra ligeramente fuera del centro. Rectángulos verticales de dos metros de altura con relieves polimórficos de estuco están ubicados dentro de la terraza inferior a cada lado de la escalera. Al estar la escalera ligeramente fuera del centro fuerza la desproporción del edificio y su escultura. La segunda terraza del templo está embellecida con rectángulos verticales con rostros de estuco, más pequeños que los inferiores. A cada lado de la entrada, la pared occidental del edificio está completamente cubierta por dos rectángulos horizontales con relieves de estuco esculpidos en sus interiores. Se encontraron pedazos pequeños de estuco en los deshechos causados por la destrucción del techo inclinado y la crestería, los cuales fueron desmantelados intencionalmente por los mayas para construir la Estructura 33-1a, la sucesora de 33-2A. Este episodio fue acompañado por la demolición de toda la escultura arquitectónica como parte de un rito asociado con el enterramiento de una capilla mortuaria, o para proveer una superficie tosca para la fácil adherencia de relleno.[32] Afortunadamente, suficiente detalle escultural de las superficies exteriores de la 33-2a (Figs. 15,16,18) sobrevive para poder reconstruir parcialmente la fachada sur del edificio (Fig. 13) e interpretar su espléndida iconografía.

La Estructura 5D-33-2a está repleta de imágenes que proclaman el linaje de la realeza, basado en el modelo del calendario cíclico. Este concepto de la soberanía tenía casi un milenio cuando se construyó el monumento funerario de Stormy Sky. Su iconografía convencional[33] invoca el mito de los Héroes Gemelos mencionado anteriormente, en el cual el sol y Venus son representados como manifestaciones astronómicas de la soberanía cíclica. De abajo arriba el programa iconográfico es el siguiente: esculturas de estuco en parejas ubicadas a cada lado de la pirámide 5D-33-2a demuestran imágenes frontales de rostros esqueléticos (Fig. 15). Enormes barbillas encorvadas hacia afuera encuadran una boca rectangular abierta dentro de la cual se encuentra una figura sentada mirando hacia la escalera y una figura agachada situada en un pedestal, evocativas de aquellas que se encuentran en Kaminaljuyú.[34] La figura 15 puede representar el sol todavía en el Inframundo. Las imágenes apareadas de la plataforma basal sobre la base piramidal (Fig. 16) representan la cabeza hecha de barro de la misma deidad que también se encontró en el Entierro 10 (Fig. 17).[35] Parece que esta imagen, con una boca de esque-

tural embellishment persisted largely unchanged until the end of the 7th century, when it was partially dismanted to be covered by the 30-meter-high Str. 5D-33-1st. Plainly visible from the open plaza fronting the North Acropolis for over two hundred years, Str. 5D-33-2nd represents the most ornate Early Classic Tikal funerary architecture and sculpture. Awkwardly proportioned, the terraces of its pyramidal base jut out far to the sides of the slightly off-center stairs. Adorning the front faces of the lowermost broad terraces are 2-meter-high vertical rectangles enclosing stucco polymorphic reliefs that flank the lower part of the stairs. That the stairway is slightly off center reinforces the awkwardness of the building and its elaborate sculpture. The temple's second tier is also embellished by vertical rectangles enclosing stucco relief facial images, proportionately smaller than those below. Covering the entire exterior of the temple's vertical walls, and flanking the doorway, are two horizontal rectangles bearing stucco relief sculptures. Fragmented bits of stucco were found in the debris caused by the destruction of the sloping roof and roofcomb, intentionally dismantled by the Maya to fill the temple's two rooms in order to provide a solid base for the construction of 33-2nd's successor, 33-1st. This episode was accompanied by the battering of all architectural sculpture below, either as part of rituals associated with burying funerary shrines or to provide a rough surface to which the later fill could adhere.[32] Fortunately, enough sculptural detail survives from 33-2nd's outer surfaces (Figs. 15, 16, 18) to enable a partial reconstruction of the building's south elevation (Fig. 13) and to interpret its splendid iconography.

Structure 5D-33-2nd is laden with imagery proclaiming royal descent, based on the model of cyclical calendars. This concept of rule was nearly a millennium old by the time that Stormy Sky's audacious funerary monument was built. Its conventional iconography[33] invokes the myth of the Hero Twins mentioned earlier, in which the sun and Venus are portrayed as astronomical manifestations of cyclical rulership. From bottom to top the iconographic program is as follows: stuccoed sculpture paired on either side of Str. 5D-33-2nd's pyramid stairs depicts skeletal frontal facial images (Fig. 15). Huge outcurving barbels enframe an open rectangular mouth inside of which a seated profile figure faces the stairs and a crouching figure on a pedestal base, reminiscent of those found in the southern highland Maya site of Kaminaljuyu.[34] Figure 15 may represent the sun still in the Underworld. The paired images of the basal platform above the pyramidal base (Fig. 16) depict the head of the same diety, rendered in clay, that was found in Burial 10 (Fig. 17).[35] It seems that this image, with a fleshless mouth, barbels of serpents poking through earflares (circular ornaments worn in the ears, sometimes called "ear plugs"), and eyes covered with leaves and fringed headpiece, is the Sun God, emerging from the Underworld just before sunrise.[36] Completing the trinity of deities are horizontal rectangular panels flanking the entrance to

leto, barbillas de serpiente proyectándose por las orejeras (ornamentos circulares usados en las orejas), ojos cubiertos con hojas y un tocado floqueado es el Dios Sol, emergiendo del Inframundo al comienzo del día.[36] Completando la trinidad de imágenes, hay cuadros horizontales que flanquean la entrada al interior del templo. En estos cuadros se ve un reptil agachado con una trompa de jaguar, rodeado por pergaminos que posiblemente representan formas de plantas asociadas con el Inframundo acuático (Fig. 18).[37] Los miembros saurios están marcados con el mismo signo del día Akbal, asociado con Kinich Ahau, que se ve en la Estructura 5D-22-3a (Fig. 11). La referencia antropomórfica de orejeras y ojos redondos de los pájaros identifican esta imagen como la manifestación del hombre-pájaro-serpiente de Kukulkán o Venus como el Lucero del Alba—una imagen que subsecuentemente asumió prominencia política entre los mexicanos mayanizados (o los mayas mexicanizados) responsables de la construcción de aquel gran centro del norte, Chichén-Itzá.[38] Parece que el programa escultural de la Estructura 5D-33-2a simboliza la salida cíclica del sol del Inframundo, precedido por Venus como el Lucero del Alba. Quizás esto servía como una metáfora del renacimiento de los soberanos mayas de Tikal en el siglo V d.C.: como el sol y Venus que salen juntos en el Este durante los cinco días de los 548 días de la revolución sinódica de Venus,[39] Stormy Sky obtuvo su autoridad de Curl Nose quien afirmó descendencia de los gobernantes muertos de Tikal al igual que sus dioses ancestrales quienes viven en el Inframundo de Tikal, dentro del lecho de piedra debajo de la plataforma de la Acrópolis Norte. Así, de una nueva manera, las imágenes de la escultura arquitectónica de la Estructura 5D-33-2a pertenecen a los dioses del tiempo cíclico, una metáfora antigua de la soberanía en Tikal.

Aunque ellos interpretan su iconografía diferentemente, Freidel y Schele han encontrado patrones similares del uso de la escultura arquitectónica en los centros preclásicos de Cerros y Kohunlich. Se encuentra en los dos centros la entrerelación de los conceptos de la soberanía con los Héroes Gemelos míticos y sus manifestaciones cíclicas como el sol y Venus como el Lucero del Alba.[40] Si Freidel y Schele tienen razón en sus interpretaciones, es posible que la imagen de los gemelos en el templo funerario de Stormy Sky es una referencia curiosa al Preclásico, algo no visto hasta el momento en las asociaciones del sol y Venus en Tikal. Quizás el mito se originó en las tierras altas mayas del sur donde aparece siglos después en un contenido etnohistórico. Es posible que en Tikal durante el Siglo V la soberanía haya sido expresada en términos relacionados a sus orígenes en el sur, de Xibalba como el origen de los soberanos mayas, o posiblemente de Kaminaljuyú,

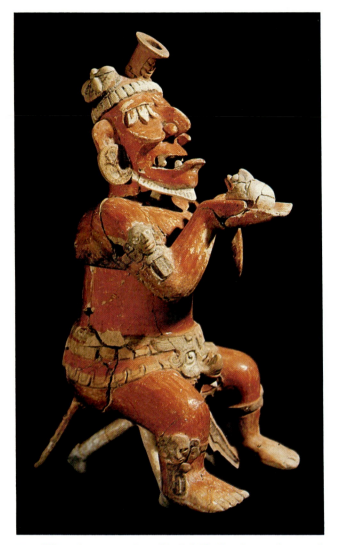

17b. Detail of clay censer.

17b. *Detalle del incensario de barro.*

17a. Effigy clay censer from Burial 10, showing an image of the sun similar to that in Figure 16. (Photograph by William R. Coe)

17a. *Incensario de barro en forma de efigie del Entierro 10, con una imagen del sol parecida a la de la Figura 16. (Fotografía por William R. Coe)*

the interior in each of which a crouching reptilian creature with jaguar snout is enframed above by scrolls, possibly representing plantlike forms associated with the watery Underworld (Fig. 18).[37] Its saurian limbs are marked with the same *Akbal* day-sign associated with *Kinich Ahau* on Str. 5D-22-3rd (Fig. 11); the anthropomorphic reference of ear plugs and round bird eyes identify this image as the man-bird-serpent manifestation of *Kukulkan* or Venus as Morning Star, an image that subsequently took on political prominence among the Mayanized Mexicans (or Mexicanized Maya) responsible for that great center to the north, Chichen Itzá.[38] It appears that the sculptural program of Str. 5D-33-2nd symbolizes the cyclical rising of the sun from the Underworld, preceded by Venus as Morning Star. This may have served as a 5th-century Tikal Maya metaphor for the rebirth of Maya rulers: like the sun and Venus which rise together

de donde proviene la figura en una base pedestal visible dentro de la boca esquelética de un habitante del Inframundo vista en la Estructura 5D-33-2a (Fig. 15). La manifestación física de la soberanía se expresa aquí como acontecimientos que se repiten cíclicamente en un patrón dado por los ciclos cósmicos del sol y Venus, personificados como deidades del Inframundo. Según las metáforas visuales inherentes en la Estructura 5D-33-2a, la soberanía sufre una transformación de una generación real a otra, específicamente de Curl Nose a su hijo, Stormy Sky.[41]

Una estela magnífica y un altar posiblemente fueron puestos frente al espléndido templo funerario de Stormy Sky, la Estructura 5D-33-2a.[42] La estela, designada Estela 31 (Figs. 19,20) una vez enterrada y por lo tanto muy bien conservada, tiene tallada en ella el perfil de Stormy Sky (identificado por los elementos glíficos en su tocado). Clemency Coggins (1975) y Christopher Jones (Jones y Satterthwaite 1982) nos informan que el linaje de Stormy Sky se encuentra en el largo texto tallado en la parte posterior de la estela (Fig. 20). En el contexto de estelas más antiguas y contemporáneas, con poca información de linaje, uno se pregunta porqué

in the east during five days of the 584-day cycle of Venus,[39] the rule of Stormy Sky derived its authority from his father, Curl Nose, who claimed descent from the deceased Tikal rulers as well as from their ancestral gods who all live together in the Tikal Underworld, in the bedrock beneath the North Acropolis platform. Thus, in a new way, the imagery of Str. 5D-33-2nd's architectural sculpture pertains to gods of cyclical time, an ancient metaphor for rulership at Tikal.

Although they interpret its iconography differently, Freidel and Schele have found similar patterns for the use of architectural sculpture in the Preclassic sites of Cerros and Kohunlich, linking concepts of Maya rulership to the Hero Twins and their cyclical manifestations as the sun and Venus as Morning Star.[40] If Freidel and Schele are correct in their interpretation, visual reference to the Hero Twin theme may be a Preclassic referent on Stormy Sky's funerary temple, previously not evident at Tikal itself in its sun and Venus associations. Perhaps the myth originated in the southern Maya highlands where it appears in an ethnohistoric context centuries later; the 5th-century rulers of Tikal may have expressed kingship in terms of its southerly origins, from *Xibalba* as the cave-like origin of Maya rulers, or perhaps from Kaminaljuyu, whence hails the pedestal-based figure visible in the Underworld denizen's skeletal maw of Str. 5D-33-2nd's lowest register (Fig. 15). The material manifestation of rulership is here expressed as cyclically repeating events modeled on the cosmic cycles of the sun and Venus, personified as Underworld deities. According to the visual metaphors inherent in Str. 5D-33-2nd, rulership undergoes transformation from one royal generation to another, specifically from Curl Nose to his son, Stormy Sky.[41]

A magnificent carved stela and altar were probably set somewhere in front of Stormy Sky's splendid funerary temple, Str. 5D-33-2nd.[42] The stela, designated Stela 31 (Figs. 19, 20), is a once-buried and therefore uniquely preserved limestone carving portraying on its front face a profile view of Stormy Sky, who is identified by glyphic elements in his headdress. Clemency Coggins (1975) and Christopher Jones (Jones and Satterthwaite 1982) tell us that the lineage of Stormy Sky is carved in the lengthy text on the stela's rear surface (Fig. 20). In the context of earlier and contemporary stelae, with comparatively little lineage information, one wonders why Stormy Sky devoted so much space on his funerary monument to his legitimacy. Was he insecure in his claim to Tikal rulership? The armed guards on the stela's sides wear headdresses and costume motifs in the style of those associated with the coeval Mesoamerican highland sites Teotihuacán or Kaminaljuyu. Are they shown as mercenaries? If so, why would a legitimate Tikal ruler need foreign mercenaries to protect him?[43] He is shown with military associations. Held in his upraised right hand, Stormy Sky prominently displays a string of linked earflares probably taken from lords conquered in battle.[44]

In the crook of his left arm, Stormy Sky holds an

Stormy Sky dedicó tanto espacio a su legitimidad en el monumento mortuario. ¿No tenía seguridad en su reclamo a la soberanía de Tikal? Los guardias armados a los lados de la estela llevan uniformes de un estilo asociado con los de las metrópolis coetáneas mesoamericanas de las tierras altas, Teotihuacán y Kaminaljuyú. ¿Son ellos mercenarios? Si éste es el caso, ¿por qué un gobernante legítimo de Tikal necesitaría mercenarios extranjeros para protegerse?[43] El se desplega con asociaciones militares. En su mano derecha alzada, Stormy Sky demuestra prominentemente una hilera de orejeras que probablemente fueron tomadas de señores conquistados en batalla.[44]

En la curva del brazo izquierdo, Stormy Sky lleva una calavera adornada. La imagen de su antepasado también sostiene una cabeza. La calavera que lleva Stormy Sky tiene un ojo en perfil bordeado por una línea encorvada sobre la nariz, un motivo que se asocia con el dios sol maya, Kinich Ahau. Un diente puntiagudo y una barbilla encorvada saliendo de un lado de la boca, combinados con las orejeras que encierran cuatro círculos igualmente separados en su circunferencia exterior, confirman la asociación con Kinich Ahau. Estos apéndices faciales son recordativos de aquellos vistos en varias esculturas del Período Clásico Temprano, incluyendo los que embellecen la Estructura 5D-33-2a. El mismo Stormy Sky lleva tal clase de cabeza en su cinturón conectado con una colección de motivos del pop (símbolo de la realeza) o petate al perfil de la cabeza de un jaguar, manifestación del sol durante la noche.

La cabeza que Stormy Sky sostiene tan fuertemente en la mano, tiene el glifo del bulto amarrado: el "glifo emblema" de Tikal, la identidad de la ciudad. Esta cabeza trae al enfoque los usos de los restos mortales de los soberanos, y el problema del reingreso a las tumbas. En su monumental monógrafo sobre la Acrópolis Norte, William Coe ha propuesto que posiblemente esta cabeza se refiere a un soberano descabezado sepultado en el Entierro 48, el cual yo he identificado como la tumba de Curl Nose. Aunque Coe declara que no hay evidencia concreta para confirmar esta hipótesis, ésta hace sentido en el contexto del retrato ansioso de Stormy Sky, flanqueado por mercenarios y con un largo texto dedicado enteramente a colocarlo en el linaje de los soberanos de Tikal. No es inconcebible que el gobernante esculpido en la Estela 31, entró al Entierro 48 (la ubicación del cual sería bien conocida por su localización axial) y removió la cabeza de su ilustre padre como un tipo de reliquia para validar su reclamo a la soberanía. También es posible que la fecha pintada en la pared de la tumba marca la fecha del reingreso, no la del entierro original ni la fecha del fallecimiento de Stormy Sky, como se ha sugerido.[45] Aun todavía es posible que los dos jóvenes

18. Architectural sculpture of Str. 5D-33-2nd: crouching reptilian image of Venus as Morning Star. (Drawing by William R. Coe)

18. *Escultura arquitectónica en la Estructura 5D-33-2a: imagen (en forma de una reptil agachada) de Venus como el Lucero del Alba. (Dibujo por William R. Coe)*

ornamented human skull. His ancestor image above also holds a head. The skull held by Stormy Sky exhibits a single profile eye bordered by a curving line looped into a twisted crullerlike motif over the nose, a motif associated with the Maya Sun god, *Kinich Ahau*. A pointed tooth and curved barbel emerging from the side of the mouth confirm the *Kinich Ahau* association, combined with the distinctive earflare enclosing four evenly spaced circles in its outer circumference. These facial appendages are reminiscent of those found in several examples of Early Classic architectural sculpture, including those embellishing Str. 5D-33-2nd. Stormy Sky himself wears such a head at the front of his belt-like girdle connected with an array of *pop* or mat motifs (symbol for royalty) to a profile jaguar head, manifestation of the sun during the night.

The head Stormy Sky clenches so tightly wears the tied bundle glyph, the "Emblem Glyph" for Tikal, the identity of the city itself. The head raises the question of the uses of rulers' physical remains and the issue of tomb reentry. In his monumental monograph on the North Acropolis, William Coe (n.d.) discusses the possibility that this ornamented skull may refer to a headless ruler entombed in Burial 48, which I have identified as being the tomb of Curl Nose. Although Coe states that there is no confirmatory evidence for this possibility, it makes sense in the context of Stormy Sky's uneasy royal portraiture, flanked by foreign mercenaries and a long text entirely dedicated to placing him in the line of Tikal rulers. It is not inconceivable that the ruler shown on Stela 31 went into Burial 48, whose location was well known due to its axial situation, and removed the head of his illustrious father as a sort of relic to validate his claim to rule. It is also possible that the date painted on the walls

en esta tumba, aparentemente sacrificados, están asociados con el reingreso, quizás como ofrecimientos a Kinich Ahau, *un dios maya directamente asociado con la soberanía durante el Período Clásico.*[46]

William Coe reconoce la posibilidad que los mayas reentraron a varias tumbas de la Acrópolis Norte como parte de sus ritos funerarios. También Coe advierte que no hay evidencia arqueológica indisputable para confirmar esta posibilidad. Sin embargo, la entrada al Entierro 48 está cortada en el lecho de piedra de tal manera que permite entrar desde el sur (Fig. 21); ésta pudo haber sido reentrada sin romper las escaleras de su capilla mortuaria, 5D-33-3a. A pesar de que es difícil verificar la posibilidad del reingreso a las tumbas, esto puede haber sido una costumbre maya más común que actualmente creemos. En uno de los primeros entierros que excavé, solamente 20 años atrás, en el sitio de Seibal en las tierras bajas del sur, se encontraron dos vasijas de cerámica hechas 500 años aparte. Esto indica o que alguien enterró una joya de familia o abrió la tumba 500 años después del entierro original, sellándola cuidadosamente de nuevo. Desafortunadamente, es sumamente arduo probar el reingreso a una tumba sólo por evidencia arqueológica, especialmente si uno entra por una ruta diferente a la usada por los mayas para salir de ella. Es aún más difícil si la tumba está parcialmente destruída por despojos caídos, como frecuentemente es el caso. Sin embargo, me gustaría sugerir la posibilidad de reingreso al Entierro 48 y de esta manera explicar la falta de la cabeza y de las manos del enterrado (Fig. 22). Sabemos que era la tumba de un soberano importante y que el tomar partes del cuerpo de un soberano por sus sucesores es una costumbre documentada por los mayas del Período Postclásico Tardío (Tozzer 1941, página 131). Posiblemente hay evidencia de reingresos a las tumbas de soberanos en otros centros mayas de las tierras bajas del sur. La famosa tumba dentro del Templo de las Inscripciones de Palenque fue el lugar de entierro de un soberano del Clásico Tardío llamado Pacal. Los textos asociados con su templo funerario dicen que murió cuando tenía 81 años (en su quinto katún), pero la evidencia física indica que el esqueleto encontrado en el sarcófago de Pacal era el de un hombre que apenas tenía cuarenta años.[47] *Si la evidencia epigráfica y antropológica física están correctas, entonces una posible explicación sería que el esqueleto en el sarcófago no es el de Pacal sino el de un sucesor. Lejos de Tikal, en el Valle de Oaxaca, el reuso en el Período Clásico de tumbas zapotecas es evidente en Monte Albán. Excavaciones de tumbas en este centro revelaron esqueletos sin cabezas ni huesos largos, y las ofrendas mortuarias databan a diferentes períodos de tiempo siendo*

19. Stela 31 sides and front, showing the ruler Stormy Sky holding a chain of ear ornaments and a decorated head. (Drawings by William R. Coe)

19. *Estela 31: lados y frente. Representa al soberano Stormy Sky llevando una cadena de orejeras y una cabeza decorada. (Dibujos por William R. Coe)*

20a. Stela 31 as discovered set in the rear room of Str. 5D-33-2nd and buried by the later structure. (Photograph by William R. Coe)

20a. *Estela 31 como fue descubierta colocada en el aposento trasero de la Estructura 5D-33-2a y enterrada por la próxima construcción. (Fotografía por William R. Coe)*

20b. Stela 31, rear; the inscription outlines events in the reigns of Stormy Sky and two predecessors. (Drawing by William R. Coe)

20b. *Estela 31: vista posterior. La inscripción traza eventos en los reinos de Stormy Sky y sus dos predecesores. (Dibujo por William R. Coe)*

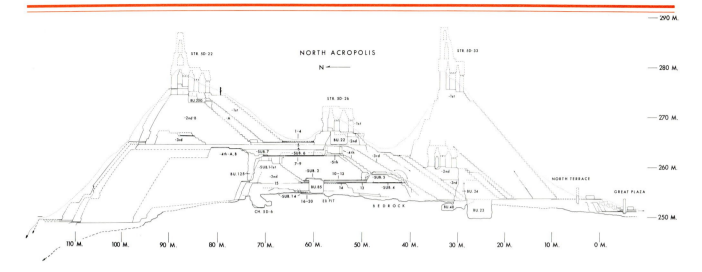

21. Section drawing of the North Acropolis excavations showing the location of Burial 48. (By William R. Coe)

21. *Dibujo en sección de las excavaciones en la Acrópolis Norte mostrando la localización del Entierro 48. (Por William R. Coe)*

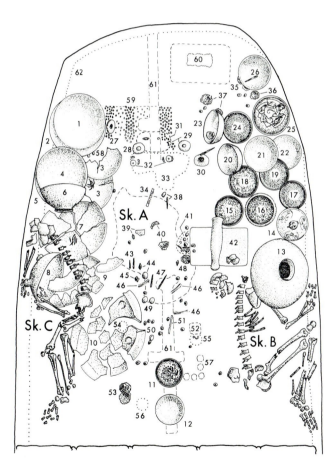

22. Plan of Burial 48, showing positions of three skeletons and tomb contents. The main skeleton is headless. (Drawing by William R. Coe)

22. *Plano del Entierro 48, mostrando las posiciones de tres esqueletos y el contenido de la tumba. El esqueleto principal no tiene su calavera. (Dibujo por William R. Coe)*

probablemente el resultado de reingresos. En el local zapoteca de Lambityeco, un friso de estuco sobre una tumba real muestra dos figuras llevando fémoras; al esqueleto principal de la tumba le faltaban las fémoras.[48]

Reconociendo la índole ambigua de la evidencia, sugiero la posibilidad de que la cabeza con ornamentos mostrada en la Estela 31 representa la calavera ornamentada del individuo sepultado en el Entierro 48, y que es la cabeza de Curl Nose agarrada por Stormy Sky. En vista de su reclamo inseguro a la soberanía, documentado por Coggins (1979) y Jones (Jones y Satterthwaite 1982), no sería sorprendente ver a Stormy Sky llevando la calavera de su ilustre predecesor, también su padre, de esta manera reafirmando su propia legitimidad. Junto con el Altar 19,[49] la ubicación original de la Estela 31 al pie de la escalera de la Estructura 5D-33-2a sugiere que la estela y la estructura fueron diseñadas como despliegues prominentes de imágenes visuales combinadas con un texto largo, un testimonio material de la soberanía de Tikal en el siglo V.

Stormy Sky reinó durante un tiempo cuando Tikal luchaba para reestablecer su dominio regional y tal vez por eso él haya visto la necesidad de afirmar públicamente lo que pudo haber sido una realidad política tenue. El elaborado y casi "barroco" despliegue de la iconografía, posiblemente procediendo del sur e involucrando el mito de los Héroes Gemelos como una metáfora de la soberanía, desmiente la ostentación de su reclamo a la autoridad basado en establecidas reglas de sucesión. No obstante el número de preguntas acerca del reino de Stormy Sky, parece que él tenia los recursos para desplegar públicamente su reclamación del trono de Tikal. Nunca sabremos si su reinado fue tan legítimo y glorioso como declarado visualmente y textualmente. Estamos viendo el aparecimiento de la soberanía, no su substancia. Pero como se ha dicho,

of the tomb marks, not the time of the original interment (or the death date of Stormy Sky, as has been suggested), but rather the date of tomb reentry.[45] It is also possible that the two youths in this tomb, apparently sacrificed, were killed as part of reentry rituals, perhaps as an offering to *Kinich Ahau*, a primary god directly associated with Classic Maya rulership.[46]

W. Coe acknowledges the possibility of several North Acropolis tombs being reentered by the Maya as a part of funerary ritual. Coe also cautions that there is no incontrovertible excavational evidence to confirm this possibility. Nevertheless, Burial 48's entrance is cut into the bedrock in such a way as to provide the possibility of reentry from the south (Fig. 21); it could have been reentered without breaking the stairs of its mortuary shrine, 5D-33-3rd. Notwithstanding the difficulty of verifying the possibility of tomb reentries, it may well have been a more common Maya practice than we presently realize. One of the first burials I excavated in the southern Maya lowlands, just twenty years ago, at the site of Seibal, produced two ceramic vessels made 500 years apart, indicating that either someone buried an heirloom or opened the grave and carefully sealed it again some 500 years after original interment. Unfortunately, it is extremely difficult to prove ancient tomb reentries by excavational means alone, particularly if one enters a burial by a different route than the Maya left it and if it is partially destroyed by fallen debris, as is so often the case. Nevertheless, I would like to suggest the possibility of tomb reentry in Burial 48 as an explanation for the principal's missing head and missing hands (Fig. 22). We know it was the tomb of an important ruler and that the taking of dead rulers' body parts by successors is a documented Maya practice during the Late Postclassic (Tozzer 1941:131). There may be evidence for reentries into Classic rulers' tombs elsewhere in the southern Maya lowlands. The famous tomb inside the Temple of Inscriptions at Palenque was the burial place of a Late Classic ruler named Pacal whose texts, associated with his funerary temple, say he died over eighty years after his birth (in his fifth *katun*). Yet the physical anthropological evidence indicates that the skeleton found in Pacal's sarcophagus was a man barely forty.[47] If both the physical anthropological and epigraphic evidence are correct, a possible explanation is that the skeleton in the sarcophagus is not Pacal's but rather that of a sucessor, a replacement of the splendid sarcophagus's original occupant. Farther from Tikal, in the Valley of Oaxaca, reuse of Classic Period Zapotec tombs is evident at Monte Albán. Excavations of tombs there revealed skeletons with long bones and heads missing and tomb furniture clearly dating from different time periods, probably the result of reentry episodes. At the Zapotec site of Lambityeco, a stucco frieze above a royal tomb shows two figures holding femurs; the tomb's principal skeleton is missing its femurs.[48]

Acknowledging the equivocal nature of the evidence, I suggest the possibility that the embellished head shown

en la pólitica la apariencia es todo.

Signos de Reyes Divinos

Mientras mantego que lo que era el templo funerario de Curl Nose se puede clasificar como tradicional en su iconografía, la supuesta estructura de Stormy Sky representa un período de transición. Invoca conscientemente las imágenes del tiempo cíclico de una manera tan barroca que uno duda de la sinceridad de su grandiosa referencia al pasado. La iconografía y los textos de su estela proveen más evidencia que Stormy Sky trataba de justificar el reinado dinástico en Tikal. En el Período Clásico Tardío subsecuentes soberanos trataron de continuar el intento de Stormy Sky de establecer un nuevo principio de sucesión. Para llevar acabo esto, ellos rompieron por completo con la iconografía y las formas arquitectónicas del Período Clásico Temprano.

Por más de 200 años, durante los cuales las fortunas de Tikal estaban en declive,[50] el rasgo más conspicuo al borde sur de la plataforma de la Acrópolis Norte era el complejo funerario de Stormy Sky, el cual consistía de la flameante esculpida Estructura 5D-33-2a, probablemente afrontada por la Estela 31 junto con el Altar 19. En el año 692 d.C. se cubrieron los restos físicos de Stormy Sky por un nuevo tipo de templo dedicado a promulgar el reino dinástico. La construcción de este nuevo templo celebraba la inauguración de la dinastía de Tikal más poderosa políticamente y más energética arquitecturalmente; también celebraba el final de un ciclo de tiempo. Distinto a su predecesor venerable, este nuevo templo carece de cualquier referencia a las reglas tradicionales de la sucesión política en Tikal.

Conocido como la Estructura 5D-33-1a, este nuevo templo incorporó y cubrió el ''memoráculo'' a Stormy Sky. Lo más significativo es que este templo no lleva en su subestructura imágenes abstractas dedicadas al reino cíclico. Aunque en condición arruinada cuando los arqueólogos del Proyecto Tikal la desmantelaron, representaba una clase de edificio que se identifica con estructuras más tardías y mejor preservadas como el Templo I. El rasgo más sobresaliente de estos monumentos funerarios del Clásico Tardío es la enorme subestructura soportando en su cúspide un templo relativamente pequeño. La escultura arquitectónica estaba limitada a las crestaterías, a los templos y a los dinteles de madera ubicados en el interior de los templos. Estas nuevas localizaciones están remotas, en comparación con la posición de la escultura arquitectónica del Clásico Temprano. Otra diferencia en la escultura arquitectónica del Clásico Temprano y el Clásico Tardío se encuentra en que la iconografía ya no se interesa primariamente con imágenes del tiempo cíclico y las reglas tradicionales de la sucesión cíclica en Tikal.

in Stela 31 is a representation of the ornamented skull of the principal entombed in Burial 48, i.e., that it is Curl Nose's head held by Stormy Sky. In view of his shaky claims to rulership documented by Coggins (1979) and Jones (Jones and Satterthwaite 1982), it would not be surprising to see Stormy Sky holding the skull of his illustrious predecessor, also his father, thereby reaffirming his own claim to power. Paired with Altar 19,[49] Stela 31's probable original situation at the foot of 5D-33-2nd's stairs suggests that the stela and 33-2nd were designed to go together as prominent displays of visual imagery combined with a lengthy text, material testament of 5th-century Tikal rulership.

En su lugar, los temas esculturales del Clásico Tardío enfocan por la mayor parte en los retratos y paneles glíficos que relatan el parentesco, la fecha de accesión y linaje real de los soberanos nombrados.

Dos factores importantes asociados con la construcción de la Estructura 5D-33-1a implican una desasociación mayor con el pasado y a la vez una incorporación de él. Primero, se construyó 33-1a unos 13 katunes (1 katún = 20 tunes de 360 días cada uno) después de la inauguración de Stormy Sky citada en la Estela 31: 8.19.10.0.0 (379 d.C.). El hecho que el primer líder del Período Clásico Tardío en Tikal conocido como Ah Cacau (y también cono-

23. Structure 5D-33-1st. (Photograph by William R. Coe)   23. Estructura 5D-33-1a. (Fotografía por William R. Coe)

In context of the subsequent decline indicated by the hiatus, Stormy Sky and his heirs may have felt the need to affirm publicly what may have been an already tenuous political reality. The elaborate, almost "baroque," display of iconography, possibly hailing from the south and invoking the cyclical Hero Twin metaphor for rule, belies the ostentation of his claim to authority based on long-established rules of succession. Notwithstanding the many questions asked about Stormy Sky's reign, it seems clear he commanded the resources to display publicly his 5th-century claim to Tikal's throne. Whether his rule was as legitimate and as glorious as visually and textually stated, we will never know. We are looking at the appearance of rulership, not its substance. But as someone once said, in politics appearance is all.

Signs of Divine Kings

While what I argue was Curl Nose's funerary temple can be classed as traditionalist in its iconography, Stormy Sky's putative structure represents a period of transition. Its imagery self-consciously invokes past cyclical themes in a manner so baroque that one questions the sincerity of his grandiose reference to the past. The iconography and texts of his stela provide further evidence that Stormy Sky and his successors were attempting to justify dynastic rule at Tikal. Subsequent rulers of the Late Classic pursued Stormy Sky's attempt to establish a new principle of succession, and this is evident in their complete break

24. Temple I in 1882. (After Maudslay 1889–1902, Vol. 3, Pl. 70)

24. *Templo I en el 1882. (Maudslay 1889–1902, Vol. 3, pl. 70)*

cido como Soberano A) está citado en el Dintel 3 del Templo I como habido ascendido al trono en 9.12.9.17.16 (682 d.C.)[51] posiblemente apoya la idea de Coggins que la Estructura 5D-33-1a se construyó como parte de las festividades asociadas con la accesión de Ah Cacau (1975, Jones y Satterthwaite 1982). El período de 13 katunes representa la terminación de un gran ciclo de 260 tunes el cual tenía un significado especial para los mayas y a menudo se marcaba con celebraciones y hazañas arquitectónicas muy ambiciosas.[52] Como el ciclo de 260 días de la Rueda Calendárica, este ciclo de 260 tunes, *por definición*, se repetiría. (El ciclo de 260 tunes, desemejante al ciclo de 260 días, es mucho más largo y por consiguiente es un indicador mayor del tiempo transcurrido.)

Segundo, la Estela 31 fue removida de su lugar al pie de la Estructura 33-2a; su base quebrada fue quemada como para cauterizar una herida, y después fue arrastrada seis metros por las escaleras y remontada—inclinada a un lado—en el piso de la recámara posterior del templo y rodeada con pedazos de incensarios rotos. Al desmantelar el techo y la crestería para rellenar el interior de 33-2a, éste desapareció debajo del edificio más grande que se construyó en Tikal: 5D-33-1a. La construcción de éste efectivamente obstruyó de la vista la venerable Estructura 5D-22 que por tanto tiempo había dominado la Acrópolis Norte. El significado de esta icorporación dramática del pasado es ambigua. Como tal, encarna la actitud dual de los mayas hacia el pasado. La incorporación literal de los restos físicos de Stormy Sky que resultó en la Estructura 5D-33-1a marca el principio de la dinastía más ilustre de Tikal (Fig. 23). Hay poca duda que para estos monarcas audaces, la acción de cubrir el templo y la escultura de Stormy Sky señaló una desasociación con el pasado y la iniciación de una nueva era.

El soberano responsable de la edificación de la Estructura 5D-33-1a fue Ah Cacau. El gobernó Tikal durante los años 682 a 734 d.C.(?). Al morir fue enterrado debajo del Templo I, una estructura de 47 metros de altura que domina el lado este de la Plaza Mayor (Fig. 25). Construído encima de la tumba de Ah Cacau, el Templo I es una versión más grande de la Estructura 5D-33-1a. Los dos templos abandonan la norma Clásica Temprana de balance entre la base piramidal, plataformas basales, recámaras (del templo), techo y crestería. Sus bases piramidales se encumbran para sostener plataformas basales y las recámaras del templo las cuales son relativamente pequeñas. Estas enormes bases piramidales del Clásico Tardío aparentemente combinan las funciones de la plataforma de la Acrópolis Norte con las bases piramidales de las estructuras funerarias del Clásico Temprano. El resultado es un templo más alto que el harmoniosamente proporcionado complejo de la

25. Temple I in 1980. (Photograph by Christopher Jones)   25. *Templo I en el 1980. (Fotografía por Christopher Jones)*

with Early Classic architectural forms and iconography. It seems likely that the experience of the intervening hiatus may have influenced Late Classic Tikal rulers to break with the past.

For over 200 years, during which time the fortunes of Tikal were in decline,[50] the most conspicuous feature along the south edge of the North Acropolis platform was Stormy Sky's funerary complex, consisting of flamboyantly sculpted 5D-33-2nd, probably fronted by Stela 31 paired with Altar 19. At the end of the 7th century, Stormy Sky's material remains were covered by a new type of temple dedicated to promulgating dynastic rule. The occasion for the new temple was the celebration of the inauguration of Tikal's most politically powerful and architecturally energetic dynasty and the passing of a cycle of time. Unlike its venerable predecessor, this new temple lacks any reference whatsoever to Tikal's traditional rules of succession.

Known as Str. 5D-33-1st, the new temple incorporated and covered Stormy Sky's "memorial." Most significant is that this temple no longer carried on its substructure abstract images dedicated to cyclical rule. Although in ruinous condition when dismantled by Tikal Project archaeologists, it represented a type of building that is known from later, better preserved examples such as Temple I. The most salient feature of these Late Classic funerary monuments is the greatly heightened substructure supporting a relatively small temple building. Architectural sculpture was confined to roofcombs and temple buildings and to wooden lintels located inside the temple interiors. These new locations are, in comparison with the position of Early Classic architectural sculpture, remote. Another difference between Early and Late Classic architectural sculpture is that its iconography is no longer primarily concerned with images of cyclical time and the traditional Tikal rules of cyclical succession. Instead, the sculptural themes of the Late Classic are for the most part focused on portraits and include glyph panels telling of the parentage, accession dates and royal lineage of named rulers.

Two important factors associated with the building of Str. 5D-33-1st imply both a major break with the past and at the same time an incorporation of it. First, 33-1st was built some 13 katuns (katun = 20 360-day tuns) after Stormy Sky's inauguration date cited on Stela 31, at 8.19.10.0.0 (A.D. 370). The fact that the Late Classic Tikal ruler, known as Ah Cacau (and also as Ruler A), is cited on Lintel 3 of Temple I as having acceded to the Tikal throne at 9.12.9.17.16 (A.D. 682)[51] may support Coggins's contention that 33-1st was built as part of Ah Cacau's inauguration festivities (Coggins 1975; Jones and Satterthwaite 1982). The 13-katun time period represents the completion of a cycle of 260 tuns which for the Maya had special significance and sometimes was marked by celebrations and ambitious architectural feats.[52] Like the 260-day cycle of the Sacred Round, this 260-tun cycle would, by definition, repeat itself. Unlike the 260-day

Acrópolis Norte. La base del Templo I incorpora en sus nueve terrazas una referencia directa a los Nueve Señores del Inframundo,[53] replicando en la plataforma de la Acrópolis Norte lo que era un hecho establecido: ahí se encontraba el Inframundo en el lecho de piedra de donde los sucesores legítimos de los pasados gobernantes aparecieron.

Uno de los dinteles tallados en madera puestos encima de las puertas de las recámaras del Templo I, el Dintel 3, tiene tallado a Ah Cacau como un joven sentado en su trono inaugural.[54] Sus pies no alcanzan el piso; formando un marco sobre y detrás de él, se encuentra una imagen del sol como un jaguar en su disfraz del Inframundo (Fig. 26). Probablemente un retrato de la accesión tallado 13 tunes después del evento (un número significativo), la representación de Ah Cacau en este dintel revela la necesidad de afirmar sus orígenes usando nuevas formas de comunicación. También Ah Cacau pudo haberse representado más prominentemente en la crestería del templo en una pose natural, sentado en su trono. Este desgastado retrato funerario todavía atrapa la luz de la puesta del sol, como si proclamara que él también se hundirá al Inframundo cuando se muera, y ascenderá de nuevo por medio de su heredero, como el rey legítimo de Tikal. Si Ah Cacau estaba tan seguro de esto, uno se pregunta porqué necesitaba proclamarlo en términos de una escala tan monumental. Su decisión de enterrar la Estructura 5D-33-2a con sus asociaciones de soberanía debajo de la 5D-33-1a pegado a la Acrópolis Norte atrae más preguntas. ¿Quizo Ah Cacau ocultar un linaje de soberanos que hacía poco en verificar su propio reclamo al trono? ¿Estaba "escribiendo de nuevo la historia" para completar sus propias metas políticas?

Consideración de estas dudas requiere un entendimiento de la relación temporal entre la construcción de los templos funerarios y la muerte de los soberanos enterrados debajo de ellos. El Entierro 116 contiene los restos mortales de Ah Cacau junto con objetos que llevan su nombre y proclaman su inmortalidad. La tumba fue cerrada antes de la construcción del Templo I (Trik 1963), por lo cual se piensa que el templo se construyó a base de instrucciones dejadas con su heredero. Parece que los dinteles dentro de las recámaras del templo se tallaron durante el reinado de Ah Cacau ya que sus fechas jeroglíficas preceden su muerte por un margen substancial (Jones y Satterthwaite 1982, página 100). Como hemos visto en la Acrópolis Norte, frecuentemente no hay una correlación directa entre tumba y templo, como es el caso del Templo I. La tumba de Ah Cacau no está axialmente centralizada debajo del templo sino que está situada a un lado de la escalera hacia la Acrópolis Norte.

El Entierro 116 incluye suntuosos ofrecimientos de cerámica pintada, concha y huesos labrados y perlas

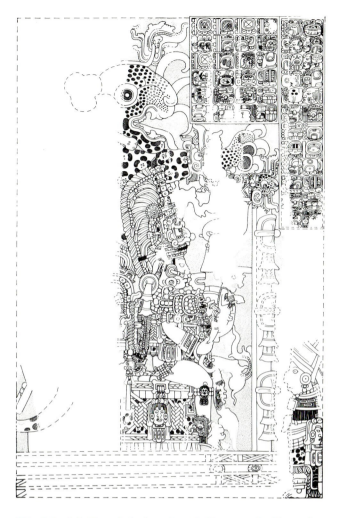

26a. Lintel 3, Temple I. (Photograph by William R. Coe)

26a. Dintel 3, Templo I. (Fotografía por William R. Coe)

26b. Lintel 3, Temple I, showing Ah Cacau probably at the time of his accession in 9.12.9.17.16 (A.D. 682). (Drawing by William R. Coe)

26b. Dintel 3, Templo I, mostrando a Ah Cacau probablemente durante su ascenso en 9 · 12 · 9 · 17 · 16 (682 d.C.). (Dibujo por William R. Coe)

cycle, the 260-*tun* cycle is of much greater duration and therefore is more of an indicator of elapsed time.

Second, Stela 31 was removed from its position at the foot of 5D-33-2nd; its broken base was burned, as if cauterizing a wound, and it was hauled 6 meters up the stairs and reset—tilted off center—within the floor of the rear room of the temple and surrounded with broken pottery incense burners. The roof and roofcombs dismantled to fill the interior, 33-2nd disappeared beneath the largest temple yet built at Tikal, which effectively blocked from view even the venerable painted Str. 5D-22 that had for so long dominated the North Acropolis. The meaning of this dramatic incorporation of the past is ambiguous. It can be seen as both respectful and iconoclastic at the same time. As such, it embodies the Maya's dual attitude toward the past. The literal incorporation of Stormy Sky's material remains that resulted in Str. 5D-33-1st marked the beginning of Tikal's most illustrious dynasty (Fig. 23). To these audacious monarchs, there is little doubt that the action of covering Stormy Sky's temple and sculpture

(Figs. 27,28,31–34). Cuando ésta fue descubierta por arqueólogos de The University Museum de la Universidad de Pennsylvania en 1960, se encontró el esqueleto de Ah Cacau adornado con un masivo collar de jade como se ve también en su retrato en las estelas 16 (Fig. 29) y 30 (Fig. 30). Quizás el objeto más espectacular en la tumba fue un jarrón cilíndrico en mosaico de jade con una tapadera donde se encuentra inscrito el nombre de Ah Cacau y rematado con un retrato en miniatura del soberano como un joven (Fig. 31). Porque en los textos jeroglíficos del reinado siguiente está escrito que Ah Cacau era un hombre de más de sesenta años cuando murió,[55] la tapadera de jade es o un retrato idealizado, o un retrato del soberano en su juventud, o un rendimiento del soberano en el proceso de renacimiento, derivado de los conceptos antiguos del reinado cíclico con un nuevo énfasis en un individuo específico como rey. Una reformulación innovativa de este tema de regeneración se expresa discretamente en

27. Skeleton of Ah Cacau in Burial 116, still wearing the jade depicted on Stelae 30 and 16. (Photograph by Joya Hairs)

27. *Esqueleto de Ah Cacau en el Entierro 116, con el collar de cuentas que se observa en las Estelas 30 y 16. (Fotografía por Joya Hairs)*

signaled a break with the past and the initiation of a new era.

The ruler who seems to have been responsible for Str. 5D-33-1st was Ah Cacau, who reigned at Tikal from A.D. 682 to 734 (?). Built over Ah Cacau's tomb is Temple I, a 47-meter-high structure dominating the east side of the Great Plaza (Fig. 25). It is a larger version of Str. 5D-33-1st. Both temples depart from the Early Classic norm of balance among pyramidal base, basal platforms, temple chambers, roof and roofcomb; their pyramidal bases soar up to support relatively small basal platforms and temple chambers. These huge Late Classic pyramidal bases seem to combine the functions of the North Acropolis platform and the pyramidal bases of Early Classic funerary structures, lifting the temple itself up higher than the harmoniously proportioned North Acropolis complex. Temple I's base incorporates in its nine tiers direct reference to the Nine Lords of the Underworld,[53] replicating what in the North Acropolis platform had long been an established fact: there the Underworld was indeed below, in the bed-

los huesos tallados encontrados dentro de la recámara funeraria (Figs. 32–34). Finamente talladas en hueso, llenas de cinabrio, se encuentran calculaciones de largos ciclos de tiempo con textos dando los títulos y el nombre de Ah Cacau. Además está grabada una escena de Ah Cacau como un joven, en una canoa remada por criaturas de la tierra sumergiéndose al Inframundo (aquí simbolizado como la superficie del agua) (Fig. 34).[56] Las referencias a los enormes cíclos de tiempo y el pasaje al Inframundo se enlazan a los conceptos mayas del renacimiento real, la anticipación de la reaparición cíclica de Ah Cacau quizás en el disfraz de su hijo (Soberano B). Es importante establecer que referencias, talladas en huesos pequeños, de temas cíclicos de tiempo y del renacimiento en la realeza, fueron escondidas dentro de tumbas selladas desde las primeras décadas del siglo VIII. Además, el uso de calculaciones esotéricas del tiempo enfatizando duraciones enormes y una escena ilustrando el tema del renacimiento, están reducidas a una escala íntima. No se pueda concebir un contraste más grande al despliegue prominente de estos temas durante el Clásico Temprano. Tales son las indicaciones físicas de un cambio en énfasis en el caracter del dominio en Tikal.

El hecho que las reglas de la sucesión política cambiaron de cíclicas a lineales está claramente demostrado por los descendientes inmediatos de Ah Cacau: su hijo y su nieto continuaron la monarquía de Tikal. Colectivamente, el linaje de Ah Cacau gobernó un Tikal que dedicó recursos de una cantidad asombrosa para construir una ciudad maya como nunca se había visto ni jamás se volverá a ver. Esta dinastía fue responsable en erigir los templos tardíos de Tikal, todas las variaciones del Templo I que están ligadas al centro de Tikal por sacbes, o calzadas ceremoniales.[57] Todos los soberanos durante el Período Clásico Tardío tuvieron sus retratos varias veces grabados en estelas, acompañados por textos enumerando sus antepasados y sus logros en el contexto de designaciones de tiempo transcurrido las cuales fijan estos episodios humanos como eventos únicos.[58] También durante el Clásico Tardío los soberanos construyeron enormes complejos arquitectónicos, llamados Complejos de Pirámidesgemelas ("twin-pyramid groups"), para celebrar el final de los katunes.

Aparentemente los templos macizos del Clásico Tardío en Tikal fueron edificados como parte de un plan central dedicado a la dinastía de Ah Cacau. La soberanía del Clásico Tardío ya no se expresa como imágenes abstractas de eventos naturales y cíclicos sino como imágenes precisas y textos ligados a soberanos específicos.

Poco antes de la construcción del Templo I al lado este de la Plaza Mayor, se edificó un templo al lado

rock from which the legitimate successors of past rulers emerged.

One of the carved wooden lintels set over the chamber doorways high in Temple I (Lintel 3) shows Ah Cacau as a youngster seated on his inaugural throne,[54] his feet unable to reach the floor, and enframed above and behind by an image of the sun as a jaguar in its Underworld guise (Fig. 26). Probably an accession portrait carved some 13 *tuns* (a significant number indeed) after the event (Jones and Satterthwaite 1982:73), the depiction of Ah Cacau reveals the need to state his origins using new forms of communication. Ah Cacau also might be shown more prominently on the temple's high roofcomb in a naturalistic portrait, seated frontally on a throne. This ruined funerary image still catches the light of the sinking sun as if to self-consciously proclaim that he too will sink into the Underworld when he dies and will, through his heir, rise again as Tikal's legitimate ruler. If he was so sure of this, one wonders why he needed to proclaim it in such monumental terms. His decision to bury Str. 5D-33-2nd and its ruler associations under 5D-33-1st stuck onto the North Acropolis raises further questions. Did Ah Cacau want to cover up a line of rule which did little to validate his own claim to the throne? Was he "rewriting history" for his own political ends?

Consideration of these queries touches on the issue of the temporal relationship between funerary temples themselves and the death of rulers buried beneath them. Burial 116, containing Ah Cacau's mortal remains and objects bearing his name and proclaiming his immortality, had been sealed prior to Temple I's construction (Trik 1963). The temple itself was therefore built according to instructions left to his heir. It seems that the carved wooden lintels inside Temple I's chambers may have been produced while Ah Cacau was alive, for their hieroglyphic dates preceded his death by a substantial margin (Jones and Satterthwaite 1982:100). As we have seen in the North Acropolis, there is often no direct correlation between tomb and temple, and such is the case with Temple I. Ah Cacau's temple is not axially placed over his tomb, which is situated off center below, on the North Acropolis side of the stairs.

Burial 116 included sumptuous offerings of painted ceramics, worked shells, incised bones and pearls (Figs. 27, 28, 31–34). When uncovered by University Museum archaeologists in 1960, the skeleton of Ah Cacau was found adorned with a massive jade necklace shown in his portraits depicted on Stela 16 (Fig. 29) and Stela 30 (Fig. 30). Perhaps the most spectacular object in the tomb was a jade-mosaic cylindrical vase with a cover incised with his name and topped by a miniature portrait of Ah Cacau as a young man (Fig. 31). Because the hieroglyphic texts of the succeeding reign state Ah Cacau was over sixty when he died,[55] this jade lid is either an idealized portrait, an earlier portrait, or a rendering of the ruler becoming younger as he undergoes rebirth, drawing upon the ancient concepts of cyclical rule with a new emphasis

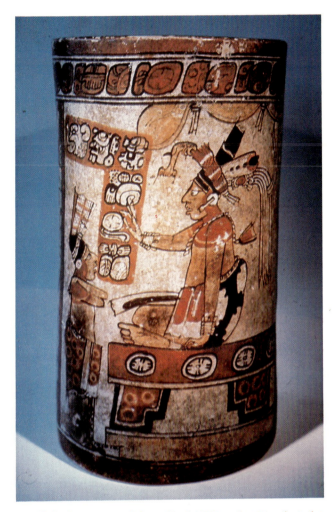

28. Polychrome vessel from Burial 116 under Temple I, the tomb of Ah Cacau. (Photograph by William R. Coe)

28. *Vasija policromada del Entierro 116 debajo del Templo I, la tumba de Ah Cacau. (Fotografía por William R. Coe)*

oeste de la Plaza, ahora conocido como el Templo II (Fig. 36). Coe (comunicación personal, 1980) nota que, distinto a la Estructura 5D-33-1a y el Templo I, el Templo II evoca características de la Estructura 5D-23 (Figs. 37). Construído en el siglo V, todavía era visible en la plataforma de la Acrópolis Norte durante el siglo VIII. En su escultura arquitectónica se encuentran temas venerados de la soberanía en asociación directa con las deidades del Inframundo—un signo inequívoco de la legitimidad. Presentado perceptiblemente en el portal está un individuo representado frontalmente con las piernas cruzadas (¿es éste Ah Cacau de nuevo?) y sentado encima de una criatura esquelética del Inframundo, flanqueado a cada lado por imágenes en perfil del Dios K, una deidad del Inframundo íntimamente asociada con la soberanía (Fig. 38). Elegantemente labrado en los dinteles que atraviesan el interior del Templo II se encuentra, en exquisito detalle, el perfil de una mujer, vestida regiamente con un huipil (vestido tra-

on a specific named individual as king. An innovative reformulation of this regeneration theme is discretely expressed in the carved bones found within the burial chamber (Figs. 32–34). Finely incised into bone and filled with cinnabar are calculations of enormous time cycles with texts giving Ah Cacau's name and titles and a scene showing Ah Cacau as a young man, in a canoe paddled by creatures of the land plunging into the Underworld, symbolized as the surface of the water (Fig. 34).[56] Considered together, the references to enormous cycles of

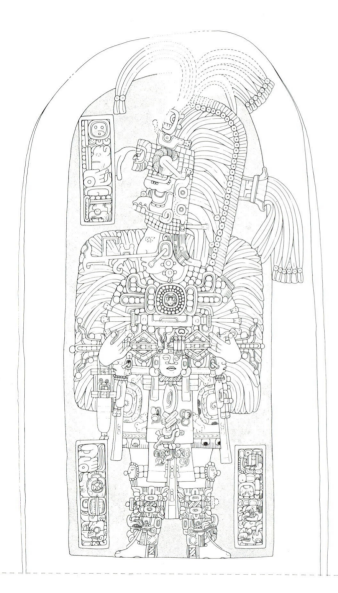

dicional maya) (Fig. 39). En la decoración de su vestido aparece el Dios K-la deidad del linaje real. Clemency Coggins (1975, páginas 549–551) ha sugerido que Ah Cacau construyó el Templo II para su esposa. Si es así, este tallado puede ser su retrato. No se ha encontrado su tumba a pesar de que el Templo II se ha atravesado con varios túneles. William Coe (comunicación personal, 1981) ha sugerido que posiblemente se le enterró debajo de la Estructura 5D-35 directamente hacia el norte, anexada a la plataforma de la Acrópolis Norte. Si esta exquisita talladura representa la esposa de Ah Cacau, ella está representada como un personaje real y su templo anacrónico apoya la idea que ella descendía directamente de la dinastía real de Tikal. Por lo tanto, la construcción de la Estructura 5D-33-1a por Ah Cacau, literalmente enterrando el pasado, tiene significado si él o su familia vinieron a Tikal de afuera.[59] Otro dintel (el Dintel 2), todavía *in situ* dentro del templo funerario de Ah Cacau, apoya esta posibilidad, mostrándolo como un soberano maduro, sentado en el trono del jaguar con sus pies puestos fírmemente en el piso (Fig. 40). Asomándose por encima y detrás de él aparece una deidad serpiente adornada con joyas, que se asemeja más a las figuras vistas en el arte de la metrópolis central mexicana de Teotihuacán que a las de Tikal (Kubler 1975; Miller 1975, 1978).[60]

La tumba suntuosa del hijo de Ah Cacau, identificado en textos jeroglíficos como Yaxkin (Soberano B), se encontró debajo de una estructura modesta, al sur de lo que pudo haber sido el templo de su madre (Templo II). Se ha sugerido que el templo funerario de Yaxkin es el majestuoso Templo IV, la estructura más grande de Tikal que sube a unos setenta metros sobre el piso de la plaza. El nombre de Yaxkin aparece en los textos jeroglíficos tallados en los espléndidos dinteles (Figs. 41,42) con la fecha en la Cuenta Larga de 9.15.10.0.0 (741 d.C.). No sólo se presenta un soberano en su regio esplendor, sino que también hay referencia textual de su padre, Ah Cacau, de quien aquí se dice fue un "señor de cuatro katunes" (más de 60 años de edad) cuando descendió al Inframundo.

Los programas ambiciosos de construcción del siglo VIII dirigidos por el linaje de Ah Cacau cuando Tikal fue engrandecido a proporciones masivas aún vistas hoy en día, fueron acompañados por la producción de nueve estelas y altares. Estas esculturas de piedra caliza en bajo relieve son retratos específicos de los soberanos de Tikal del siglo VIII. Las estelas y altares llevan textos jeroglíficos señalando eventos en secuencia lineal con notaciones de tiempo transcurrido. Este es también el período cuando se construyeron enormes Complejos de Pirámides-gemelas, celebrando el final de los katunes. Todos estos testimonios materiales al reinado Clásico

time and passage into the Underworld are linked to Maya concepts of royal rebirth, the anticipation of Ah Cacau's cyclical reemergence perhaps in the guise of his son, Yaxkin (Ruler B). It is significant that venerable references to themes of cyclical time and royal rebirth are, by the early 8th century, secreted inside sealed tombs, delicately incised on small bones. And the use of esoteric time calculations, stressing enormous durations, and a scene illustrating rebirth are reduced to intimate scale. A greater contrast can hardly be imagined to the prominent Early Classic display of these themes. Such are the material indicators of a shift in emphasis in the character of Tikal rulership.

That the political rules of succession shifted from a

Tardío tienen que haber parecido estar en desacuerdo con la arquitectura y escultura de la Acrópolis Norte. Ahí, todavía visible detrás de una barrera de edificios más recientes, permaneció una iconografía enfatizando la regeneración cíclica de dioses y soberanos no-nombrados, como un recordatorio del orden antiguo. Su significado tiene que haber sido visto como inherente en su gran antigüedad. El hecho de que no se grabaron los nombres de los soberanos en la arquitectura y escultura de la Acrópolis Norte implica que no importaba quiénes fueron ni quiénes los seguirían al trono.

El énfasis puesto durante el siglo VIII en textos

29b. Stela 16 and Altar 5 in a night photograph. (By William R. Coe)

29b. *Estela 16 y Altar 5 en una fotografía tomada de noche (Por William R. Coe)*

cyclical emphasis to a lineal one is clearly demonstrated by Ah Cacau's immediate descendants: his son and grandson continued to rule at Tikal. Collectively, the Ah Cacau line ruled over a Tikal that devoted staggering resources to building a Maya city, the likes of which had never been seen before nor have they been seen since. This dynasty was responsible for the late temples of Tikal, all variations of Temple I, which are linked to the site center in hierarchical ranking by *sacbes* or ceremonial causeways.[57] All these Late Classic rulers had their portraits rendered on stelae several times, accompanied by texts listing their ancestors and their accomplishments in the context of elapsed time designations which fixed these human episodes as unique events.[58] These Late Classic rulers also had enormous architectural complexes built, called twin-pyramid groups, that celebrate the ends of *katuns*.

Tikal's massive Late Classic temples seem to have been built as part of a master plan dedicated to the Ah Cacau dynasty. Late Classic rulership is no longer expressed as abstract visual images of cyclic natural events but as specific images and texts linked to named rulers.

Shortly before the construction of Temple I on the east side of the Great Plaza, a facing temple was built on its west edge, designated as Temple II (Fig. 36). Coe (personal communication 1980) notes that unlike Str. 5D-33-1st and Temple I, Temple II is reminiscent of 5th-century Str. 5D-23 (Fig. 37) which, at the beginning of the 8th century, was still visible on the North Acropolis platform. Its architectural sculpture proclaims venerated Tikal themes of rulership in direct association with Underworld deities, an unmistakable sign of legitimacy. Conspicuously shown on the North Acropolis side of the doorway, a frontal cross-legged lord (is this Ah Cacau again?) is depicted seated on a fleshless Underworld denizen, flanked on either side by profile images of God K, an Underworld deity intimately associated with rulership (Fig. 38). Carved on a lintel spanning the interior is an elegantly carved profile of a woman, regally dressed in a *huipil* (traditional Maya dress) of exquisite detail (Fig., 39). God K—the deity of royal lineage—appears on her dress. Coggins has suggested that Ah Cacau had Temple II built for his wife (1975:549–551). If so, this lintel carving may be her portrait. Her tomb has not been found, despite extensive tunneling in Temple II. W. Coe (personal communication 1981) has suggested that she may be buried beneath Str. 5D-35 directly to the north, appended to the North Acropolis platform. If this exquisite carving represents Ah Cacau's wife, she is depicted as a royal personage and her anachronistic temple gives support to the notion that she was directly descended from the Tikal ruling dynasty. Accordingly, Ah Cacau's erection of Str. 5D-33-1st, literally burying the past, makes sense if he or his family came from outside Tikal.[59] Supporting this possibility is another lintel (Lintel 2) still in place inside Ah Cacau's funerary temple showing him as a mature ruler, seated on the jaguar throne with feet planted firmly

(marcadores del transcurso del tiempo en la Cuenta Larga) y fechas de Fin de Período especificando los nombres de soberanos—empezando con los predecesores inmediatos de Stormy Sky y llevado a su extremo por el linaje de Ah Cacau—revela una falta de confianza en las formas antiguas al expresar la soberanía. Si los soberanos mortales de Tikal no eran legítimos según las reglas sacrosantas de sucesión,

30. Ah Cacau in his first official portrait (Stela 30), wearing a bead collar like that in his tomb (see Fig. 27). (Drawing by William R. Coe)

30. *Ah Cacau en su primer retrato oficial (Estela 30), lleva puesto el collar de cuentas parecido al de su tumba (véase Fig. 27). (Dibujo por William R. Coe)*

31. Jade mosaic vessels from Burials 116 and 196. The portrait head on the left may be Ah Cacau, and the other may be his son, Yaxkin. (Photograph by William R. Coe)

31. *Vasijas revestidas de mosaicos en jade de los Entierros 116 y 196. El retrato de la cabeza a la izquierda puede ser Ah Cacau y la otra puede ser su hijo, Yaxkin. (Fotografía por William R. Coe)*

32. Carved bones as found in Burial 116. (Photograph by Joya Hairs)

32. *Huesos tallados como se encontraron en el Entierro 116. (Fotografía por Joya Hairs)*

33. Carved bone from Burial 116 showing Ah Cacau in a canoe plunging into the water. (Drawing by A. Seuffert)

33. *Hueso tallado del Entierro 116 presenta a Ah Cacau en una canoa hundiéndose en el agua. (Dibujo por A. Seuffert)*

34. Scene on carved bone from Burial 116 showing Ah Cacau with supernatural creatures of the earth in a canoe paddled by Underworld gods. (Drawing by A. Seuffert and V. Greene)

34. *Escena en hueso tallado del Entierro 116 que muestra a Ah Cacau con criaturas sobrenaturales de la tierra en una canoa remada por dioses del Inframundo. (Dibujo por A. Seuffert y V. Greene)*

on the ground (Fig. 40). Looming over him from behind is a bejeweled serpent deity more reminiscent of those seen in the art of the central Mexican metropolis of Teotihuacán than in Tikal (Kubler 1975; Miller 1975, 1978).[60]

The richly stocked burial of Ah Cacau's son, identified in hieroglyphic texts as Yaxkin (Ruler B), was found below a modest structure to the south of what may have been his mother's temple (Temple II). Some have suggested that Yaxkin's funerary temple may be the majestic Temple IV, the largest structure at Tikal, soaring some 70 meters above the plaza floor. His name appears in hieroglyphic texts carved on its splendid lintels (Figs. 41, 42) with the Long Count date 9.15.10.0.0 (A.D. 741). Depicted is not

la destrucción de las formas antiguas por los soberanos, ejemplificado en el entierro de la Estela 31 dentro de la Estructura 5D-33-2a y el entierro de la Estructura 5D-33-2a dentro de la Estructura 5D-33-1a por Ah Cacau, requirió nuevas reglas de sucesión y nuevas formas para manifestarlas. La propaganda visual de Ah Cacau y sus descendientes se destaca como un ejemplo glorioso de arquitectura y escultura dedicadas a un nuevo régimen.

A pesar de la audacia creativa del linaje de Ah Cacau y su vasto programa de construcción, quizás es notable decir que ni Ah Cacau ni sus hijos se arriesgaron a tocar los edificios localizados en la plataforma de la Acrópolis Norte. Este lugar, como los

35. Temple II in 1962. (Photograph by William R. Coe)   35. Templo II en el 1962. (Fotografía por William R. Coe)

36. Temple II in 1971. (Photograph by William R. Coe)   36. *Templo II en el 1971. (Fotografía por William R. Coe)*

37. Structures 5D-22, -23 (extreme left) and -25 on the North Acropolis, undergoing restoration. (Photograph by William R. Coe)

37. *Estructuras 5D-22, -23 (extrema izquierda) y -25 en la Acrópolis Norte, durante la restauración. (Fotografía por William R. Coe)*

38. Architectural sculpture to the north of the doorway of Temple II, showing seated human figure. (Photograph by William R. Coe)

38. *Estructura arquitectónica al norte de la puerta del Templo II, mostrando una figura human sentada. (Dibujo por William R. Coe)*

only a portrait of the ruler in regal splendor, but textural reference to his father, Ah Cacau, who is here said to have been a "four-katun lord" (over sixty years old) when he descended into the Underworld.

The ambitious 8th-century building programs of the Ah Cacau lineage, when Tikal was enlarged to the massive proportions seen at the site today, were accompanied by the production of nine carved stelae and altars. These low-relief limestone sculptures are specific portraits of 8th-century rulers of Tikal. The stelae and altars bear hieroglyphic texts specifying events in a lineal sequence chronicled by notations of elapsed time. This is also the period when enormous twin-pyramid groups are built, celebrating the ends of katun intervals. All these material testaments to Late Classic rule must have seemed out of keeping with the architecture and sculpture of the North Acropolis. There, still visible behind a barrier of later buildings, an iconography stressing cyclical regeneration of gods and unspecified rulers stood as a persistent reminder of the old order. Its authority must have been seen as inherent in its very antiquity. That rulers are not named in the North Acropolis architecture and sculpture implies that it was not important who they were and who was to succeed them.

The 8th-century emphasis on texts, elapsed-time markers of Long Count, and period-ending dates to specify rulers' names and times—beginning with Stormy Sky's immediate predecessors and carried to extremes by Ah Cacau and his line—betrays a lack of confidence with the old forms of expressing rulership. If the Late Classic rulers of Tikal were in fact not legitimate according to Tikal's hallowed rules of succession, their extinguishing of the old forms, as exemplified by Ah Cacau's bold burying of Stela 31 inside Str. 5D-33-2nd and Str. 5D-33-2nd inside Str. 5D-33-1st, required new rules of succession and new forms to make them manifest. The visual propaganda of Ah Cacau and his descendants stand as glorious examples of architecture and sculpture dedicated to a new regime.

Despite the creative audacity of the Ah Cacau lineage and its self-aggrandizing building programs, it is perhaps telling that neither Ah Cacau nor his descendants dared to tamper with the buildings on the North Acropolis platform. This place, all the Maya knew, was ancient and sacred ground, where dead rulers dwelled with the gods and the very font of all authority.

NOTES II

17. In their introduction to *Death and the Regeneration of Life*, Bloch and Parry cite various communities' means of dealing with death and warn that the physical manifestation of this has little significance "in terms of the overall logic of the ideology" (1982:36). The available Classic Maya texts and 16th-century historical/mythical written accounts serve as a check on interpretations of material cultural evidence for funerary beliefs of the ancient Maya.

18. It seems probable that the 16th-century manuscript known

mayas sabían, era tierra antigua y santa, donde yacen los soberanos con los dioses y la fuente de toda la autoridad.

NOTAS II

17. *En su introducción a* Death and the Regeneration of Life, *Block y Parry citan los medios usados por varias comunidades para enfrentar la muerte, y aconsejan que las manifestaciones físicas de esto tienen poco significado "en términos de la lógica total de su ideología" (1982, página 36). La disponibilidad de textos históricos/míticos del Período Clásico maya y del siglo XVI, sirven como una forma de comprobar las interpretaciones de evidencia cultural material para las creencias funerarias de los mayas.*

18. *Es probable que el manuscrito del siglo XVI conocido como el* Popol Vuh *es narración oral escrita que posiblemente fue formada en sí por la lectura de un texto glífico que ahora está perdido. El texto comienza con los orígenes. La sección que trata con la "Tercera Creación" describe la "Casa de la Obscuridad" como el Infierno o Xibalba, un lugar bajo tierra al que se entra por una cueva.*

"Xe qah chi Xibalba. Libah chi x e qah ch u va kumek" "Ellos fueron abajo al Infierno. Inmediatamente enfrente del precipicio" (Edmonson 1971:109).

Un centro mayor de la civilización maya se ubicó en las tierras altas del sur en el lugar conocido como Kaminaljuyú donde hay muchas cuevas, escarpas y montañas.

19. *Según la Parte II del* Popol Vuh, *los Héroes Gemelos míticos, Hunahpu y Xbalanque, fueron llamados al Inframundo por sus señores, para ser sometidos a una serie de pruebas. Si ellos las pasaban, llegarían a ser inmortales. Eventualmente, después de engañar a los Señores del Inframundo, los gemelos pasaron sin problema por el Infierno y, en hecho, llegaron a ser inmortales para emerger en el este como el sol y la luna o Venus. Thompson (1960, página 218) sugiere que el ciclo de cuentos al que se refiere el* Popol Vuh *son aquellos "en el cual el sol y Venus son hermanos". La Parte III del* Popol Vuh *describe los fundadores míticos de la dinastía Quiché e incluye referencias al sol y Venus como hermanos.*

20. *Generalmente, se usa el término "templo" en la arqueología maya para designar una estructura que es más alta que ancha y tiene un mínimo de espacio interior.*

21. *El próximo libro de W. R. Coe,* Tikal Report No. 14, *documenta la evidencia arqueológica para los episodios sucesivos de construcción en la localización designada como "5D-22", siguiendo la nomenclatura establecida por el "Proyecto Tikal" de The University Museum de la Universidad de Pennsylvania.*

22. *William R. Coe (comunicacíon personal, 1982) ha designado los templos de Tikal construídos después de 550 d.C. como "cenotafios", un término que se asemeja más al uso actual de estos edificios que el término "tumba". El término, sin embargo, sugiere un memoráculo a los muertos y como tal se refiere al pasado. La característica esencial de estas estructuras funerarias es que trazan el futuro.*

23. *La eliminación de 5D-33-1a necesitó su destrucción parcial, dramatizando en una grande escala la paradoja esencial de investigaciones arqueológicas: que para poder reconstruir el pasado, hay que destruirlo. La crítica ha sido intensa, más notablemente la de Heinrich Berlin*

as the *Popol Vuh* is recorded oral narrative, possibly originally formed from the reading of a lost glyphic text. The beginning deals with origins. The section dealing with the "Third Creation" describes the "House of Darkness" as Hell or *Xibalba*, an underground place entered by a cave.

"Xe qah chi Xibalba. Libah chi x e qah ch u va kumuk"
"They went down to Hell. Immediately in front of the cliff."
(Edmonson 1971:109)

A major center of Preclassic Maya civilization was situated in the southern Maya highlands at the site of Kaminaljuyu, where there are many caves, cliffs and mountains.

19. According to Part II of the *Popol Vuh*, the mythical Hero Twins Hunahpu and Xbalanke were summoned into the Underworld by its gods to undergo a series of trials that, if overcome, would render them immortal. Eventually, after tricking the Underworld gods, the twins successfully passed through Hell and, in effect, became immortal by emerging in the east as the sun and the moon or Venus. Thompson (1960:218) suggests that the cycle of stories referred to in the *Popol Vuh* is that "in which the sun and Venus are brothers." Part III of the *Popol Vuh* is concerned with the mythical founders of the Quiche dynasty, including references to the sun and Venus as brothers.

20. The term "temple" is in Maya archaeology generally used to designate a structure that is higher than it is wide and has a minimum of interior space.

21. W. Coe's forthcoming Tikal Report No. 14 documents the archaeological evidence for these successive rebuilding episodes at the locus designated as "5D-22," following the nomenclature established by The University Museum's Tikal Project.

22. W. Coe (personal communication 1982) has designated some of the Late Classic Tikal temples as "cenotaphs," a term which is closer to their actual use than "tombs." "Cenotaph," however, suggests a memorial for the dead and as such refers to past time. The essential characteristic of these funerary structures is that they chart out the future.

23. The removal of 5D-33-1st entailed its partial destruction, dramatizing on a large scale the essential paradox of archaeological field research: that in order to reconstruct the past, one has to destroy it. Criticism of this action taken by the Tikal Project has been intense, most notably that of Heinrich Berlin (1967). The fact remains, however, that the complete removal of 5D-33-1st was necessary to understand the architectural history at the locus, a critical one for reconstructing the links between architecture, funerary customs and socio-political change at Tikal during the end of its Early Classic Period. (See Rainey, Kidder II, Satterthwaite, Coe 1967 for a reply to Berlin's criticism; see also Thompson 1967 for further comments on 5D-33-1st's partial dismantlement.)

24. Traces of color have survived on buried fragments of North Acropolis architectural sculpture. These data are fully reported in W. Coe's forthcoming report on the North Acropolis excavations.

25. The Underworld and underwater iconography of Classic Maya funerary pottery can be seen in several publications reproducing polychrome pottery from unknown archaeological contexts, much of it of dubious authenticity. The most significant of these publications, including authentic but unprovenienced Classic Maya funerary pottery, are M. Coe's *The Maya Scribe and His World* (1973); *Classic Maya Pottery at Dumbarton Oaks* (1975); *Lords of the Underworld* (1978).

26. The archaeological site of El Zotz, located near Tikal, has been extensively looted for its ritual incense burners and polychrome pottery. The iconography of these illegally removed vessels is similar to that found on Tikal architectural sculpture, particularly the stucco image prominently displayed on the

(1967). Sin embargo, fue necesario remover completamente la 5D-33-1a para comprender la historia arquitectural en el lugar, indispensable para reconstruir el vínculo entre la arquitectura, costumbres mortuarias y cambios socio-políticos en Tikal durante el final del Período Clásico Temprano. (Véase Rainey, Kidder II, Satterthwaite, y Coe 1967 para una respuesta a las críticas de Berlin; véase también a Thompson 1967 para otros comentarios acerca del desmantelamiento parcial de 5D-33-1a).

24. *Rasgos de color de la escultura arquitectónica de la Acrópolis Norte han sobrevivido en fragmentos enterrados. Estos datos aparecerán por completo en el próximo informe sobre las excavaciones de la Acrópolis Norte por W. R. Coe.*

25. *Se ve el Inframundo y la iconografía submarina de la cerámica mortuaria maya del Período Clásico en varias publicaciones que reproducen la cerámica policromada de contextos arqueológicos no conocidos, la mayoría de ellos de autentidad dudosa. Las publicaciones más significativas son:* The Maya Scribe and His World *(1973),* Classic Maya Pottery at Dumbarton Oaks *(1975), y* Lords of the Underworld *(1978); todos por Michael Coe.*

26. *El sitio arqueológico de El Zotz, localizado cerca de Tikal, ha sido saqueado extensivamente en busca de incensarios ceremoniales y vasijas policromadas. La iconografía de estas cerámicas robadas es semejante a aquella encontrada en la escultura arquitectónica de Tikal, particularmente la imagen en estuco desplegada en la terraza del medio de la Estructura 5D-33-2a, con sus asociaciones de esqueletos, peces, matas de agua, y serpientes.*

27. *Las cuevas más cercanas a Tikal se encuentran directamente al sur, en las colinas que forman el margen de la base de la Península de Yucatán. Es el locus geográfico de Xibalba del Popol Vuh.*

28. *Nariz de buñuelo, diente del frente limado, y ojos enfocados hacia adentro son los razgos más sobresalientes de Kinich Ahau.*

29. *El período entre 9.5.0.0.0 y 9.13.0.0.0 en la Cuenta Larga maya (534 a 692 d.C.) está marcado por un empobrecimiento en parafernalia funeraria y restos arquitectónicos, esculturales y epigráficos. Conocido como el "Hiato del Período Clásico Medio", esta pobreza material puede marcar una declinación económica y política que es también evidente en el resto de las tierras bajas mayas. Parece haber sido particularmente severa y haber durado por más tiempo en Tikal.*

30. *Se presenta Curl Nose en las Estelas 4 y 18; Stormy Sky en la Estela 31, y posiblemente en las Estelas 1, 2, y 28.*

31. *Coggins (1975) razona que el Entierro 10, debajo de la Estructura 5D-34, es la tumba de Curl Nose, basada en la proximidad de esa estructura a la Estela 4 que se interpreta como su retrato, y basada en un jade tallado con el motivo de una voluta que fue encontrado en el entierro. También, ella ve la presencia de influencias mexicanas (o mayas de las tierras altas) en la Estela 4 y en los accesorios funerarios de la tumba como evidencia del lazo entre la estela y el ocupante de la tumba. Aun propone Coggins (1975) que el Entierro 48 se asocia con Stormy Sky, citando el retrato de él en la Estela 31 como evidencia. Su argumento más fuerte es la fecha de la Serie Inicial pintada en la pared de la tumba: 9.1.1.10.10. La fecha es once años después de la fecha de la dedicación de la Estela 31 y es citada como una posible fecha para la muerte de Stormy Sky. Yo la interpreto*

middle tier of 5D-33-2nd, with its skeletal, fish, water plant and serpent associations.

27. The area of caves nearest to Tikal is directly south, in the foothills fringing the base of the Yucatán Peninsula. It is the geographical locus of *Xibalba* of the *Popol Vuh*.

28. A cruller nose, filed front tooth and inward focusing eyes are *Kinich Ahau*'s most salient iconographic traits.

29. The period between 9.5.0.0.0. and 9.13.0.0.0. in the Maya Long Count (A.D. 534 to 692) is marked by an impoverishment in tomb furnishings and architectural, sculptural and epigraphic remains. Referred to as "The Middle Classic Hiatus," this relative material poverty may mark an economic and political decline that is also evident in the rest of the Maya lowlands. It seems to have been particularly severe and to have lasted longer at Tikal.

30. Curl Nose is portrayed on Stelae 4 and 18, Stormy Sky on Stela 31, and possibly on Stelae 1, 2 and 28.

31. Coggins (1975) argues that Burial 10, under Str. 5D-34, is the tomb of Curl Nose based on that structure's proximity to Stela 4, interpreted as his portrait, and on a jade carving depicting a scroll-nosed motif from the burial. She also sees the presence of Mexican or Highland Maya influences on Stela 4 and in the tomb furnishings as evidence of the link between the stela and the occupant of the tomb. Coggins proposes that Burial 48 is associated with Stormy Sky, citing Stela 31's portrait of Stormy Sky as evidence. Her strongest argument is the Initial Series date painted on the tomb wall, 9.1.1.10.10. This date is eleven years after the dedicatory date of Stela 31 and is cited as a possible death date for Stormy Sky. I interpret it as a tomb reentry date.

W. Coe (n.d.) questions the evidence for such assignments of tomb occupants and Jones and Satterthwaite (1982) point out that there is room for doubt that Burial 10 is associated with Stela 4 or that Burial 48 is associated with Stela 31. Coe (n.d.) wonders why a ruler as important as Curl Nose would not have chosen an axially prominent locus for his tomb such as is occupied by Burial 48. Although I acknowledge that my evidence is not more conclusive than Coggins's, I think that Burial 48 was Curl Nose's tomb because it is in a most likely location for the burial of the founder of a dynasty. Also, the architectural sculpture and stela associated with the 5D-33 locus visually propogates themes of incipient lineal rule that appear to have been based upon Curl Nose as founder. These structures are visual manifestations of a usurping transition between the older cyclical rules of succession and the subsequent principles of lineal dynastic succession.

32. Late Preclassic and Early Classic architectural sculpture was intentionally battered prior to covering over to form the base of later buildings. W. Coe (n.d.) interprets this behavior as a construction technique employed by Maya builders to ensure that subsequent fill would adhere to the smooth stuccoed surfaces of the sculptures. Freidel (personal communication 1982) interprets such action (based on his data from the site of Cerros in Belize) as evidence of ritual destruction of images prior to ceremonial burial of the carvings.

33. The term "conventional iconography" is borrowed from Erwin Panofsky (1955), referring to meaning derived from sources outside the work of art itself, usually textual.

34. Pedestal-based sculpture associated with the highland Maya site of Kaminaljuyu is thought to date from the Preclassic Period (Miles 1965).

35. The similarity between the face of the clay effigy censer from Burial 10 (Fig. 17) and the central architectural sculpture of Str. 5D-33-2nd (Fig. 16) is striking.

36. Prominently displayed above the skeletal Underworld image of the first tier, this frontal face with skeletal, fish, water

como una fecha de reingreso a la tumba.

William Coe cuestiona tal evidencia para identificar los ocupantes de las tumbas. También Jones y Satterthwaite (1982) señalan que hay duda que el Entierro 10 esté asociado con la Estela 4 o que el Entierro 48 esté asociado con la Estela 31. Coe se pregunta porqué un soberano tan importante como Curl Nose no hubiera escogido un lugar axialmente prominente para su tumba, como el ocupado por el Entierro 48. Aunque reconozco que mi evidencia no es más concluyente que la de Coggins, yo creo que el Entierro 48 es el de Curl Nose porque tiene la ubicación más probable para la tumba del fundador de una dinastía. Además, la escultura arquitectónica asociada con 5D-33 propaga visualmente temas de poder lineal incipiente que parecen haber sido basados en Curl Nose como fundador. Estas estructuras son manifestaciones visuales de una transición usurpadora entre las antiguas reglas de sucesión cíclica y los subsecuentes principios de sucesión lineal dinástica.

32. Escultura arquitectónica del Preclásico Tardió y del Clásico Temprano fue intencionalmente averiada antes de cubrirse para formar la base de edificios subsecuentes. W. Coe interpreta esta costumbre como una técnica de construcción para asegurar que el relleno subsiguiente se adhiriera a las superficies lisas de las esculturas. Freidel (comunicación personal, 1982) interpreta esta acción (basada en su información de Cerros en Belice) como evidencia de la destrucción ritual de imágenes antes del entierro ceremonial de las esculturas.

33. El término "iconografía convencional" está tomado prestado de Erwin Panofsky (1955); se refiere al significado derivado de fuentes fuera de la obra de arte misma, usualmente textual.

34. Se piensa que la escultura de base pedestal asociada con el sitio maya de las tierras altas, Kaminaljuyú, data al Período Preclásico (Miles 1965).

35. La semejanza entre la cara del incensario efigie de barro del Entierro 10 (Fig. 17) y la escultura arquitectónica de la Estructura 5D-33-2a (Fig. 16) es sorprendente.

36. Este rostro con asociaciones esqueléticas de peces, flora acuática y serpientes también se encuentra representado prominentemente en incensarios de ritos descubiertos recientemente en El Zotz cerca de Tikal, pero desafortunadamente fuera de contexto arqueológico.

37. Las plantas asociadas con el Inframundo son aquellas que se encuentran en la superficie de mansos cuerpos de agua dulce en los trópicos: ninfeas y bejucos.

38. La imagen del hombre-pájaro-serpiente de Venus como el Lucero del Alba se representa en Chichén-Itzá en las bases de las columnas cuadradas y paredes del Templo de los Guerreros. También se representa en varios edificios "tolteca" en el mismo centro.

39. La revolución sinódica de Venus es 584 días, la cual consiste de cuatro segmentos desiguales de 263, 90, 250 y 8 días. Para nosotros, es significativo que las tablas de Venus en el Códice Dresden (páginas 46–50) indican claramente que los mayas sabían que después de 250 días como la Estrella Vespertina, Venus se pierde de vista por un total de ocho días: cuatro días pasando a través de la conjunción inferior y cuatro días más antes de que se pueda distinguir como el Lucero del Alba en el cielo oriental al amanecer. Permanece como el Lucero del Alba por un total de 236 días. Véase Thompson (1960, páginas

plant and serpent associations is also represented on ritual incense burners recently found at the site of El Zotz near Tikal, unfortunately out of archaeological context.

37. The plants associated with the Underworld are those that are found on the surface of still bodies of fresh water in the tropics: water lilies and vines.

38. The man-bird-serpent image of Venus as Morning Star is represented at Chichen Itzá on the bases of square columns in the temple itself. It is also represented on several other buildings of "Toltec" Chichen Itzá.

39. The synodical revolution of Venus is 584 days, consisting of four unequal segments of 263, 90, 250, and 8 days in duration. For our purposes, it is significant that the Venus tables in the Dresden Codex (46–50) clearly indicate that the Maya were aware that, after 250 days as the Evening Star in the western sky at sunset, Venus is lost to view for a total of 8 days: 4 days as it passes through inferior conjunction and 4 more days before it can be distinguished as the Morning Star in the eastern sky at dawn, i.e., its first heliacal rising, preceding the sun and beginning its 236-day period as the Morning Star. (See Thompson 1960:221–229; 1972:62–71 for a discussion of Maya knowledge of the synodical revolution of Venus.)

Part II of the *Popol Vuh* (Recinos, Goetz, and Morley 1950) links the sun with the moon, whereas Parts III and IV, concerned with the founders of the Quiche dynasties, tie the sun with Venus. Thompson argues that it is the sun and Venus that were cited in the pre-Hispanic source of the *Popol Vuh* and that the linking of the sun with the moon is a post-Conquest corruption of the original myth (1960:221–229).

Actually the identification of the Hero Twins with astronomical bodies is complicated by the fact that there are two pairs of brothers: Hun Hunahpu (1 Ahau, i.e., a day in the Sacred Round, known as the *cholquih* among the Quiche Maya) and Vucub Hunahpu (7 Ahau, also a Sacred Round day) precede their son and nephew, Hunahpu and Xbalanke, also twins (see notes 18 and 19). Whether these generations of twins represent the sun and Venus or the sun and the moon is less important than the fact than the sun is clearly featured and that it is paired with a cyclical astronomical body. Also significant is that both pairs set (die) in the west, pass through the Underworld and rise in the east. It seems most likely that the first pair (who are killed in the Underworld by its gods) refer to the sun and Venus (moon) in the west and that the second pair (who kill the Underworld gods and emerge victorious) are the sun and Venus (moon) in the east. These two sets of Hero Twins are clearly metaphors for rule and its succession in Quiche society, an interpretation that is born out by the sequential passages of the *Popol Vuh* that specifically mention the names of founders of the Quiche dynasties.

40. In the words of Freidel and Schele (n.d.) ". . . the celestial billboard on which the Maya choose to display their model of hierarchy shows two major relations between the sun and Venus . . . First-born Venus heralds the advent of the Second-Born sun, and then is consumed in his brother's flames . . ."

41. The Hero Twin theme which probably had its origins in the Preclassic Period is here seen to have been in the process of transformation to specify dynastic succession. See note 39.

42. Stela 31 and Altar 19 were found broken and buried in the construction of Str. 5D-33-1st. Both carvings were most probably originally located at the foot of the stairs fronting Str. 5D-33-2nd.

43. If Coggins's (1975) suggestion is valid, that Stormy Sky hailed from outside of Tikal, possibly from Kaminaljuyu or Teotihuacán itself, the presence of non-Maya troops may refer to his ultimate origins.

44. Sixteenth-century Mesoamerican sources, primarily from the Mexican Altiplano, reveal that a major purpose of

221–229 y 1972, páginas 62–71) para una discusión del conocimiento maya de la revolución sinódica de Venus.

La Parte II del *Popol Vuh* (Recinos, Goetz, y Morley, 1950) enlaza el sol con la luna mientras que la Parte III, tratando con los fundadores de las dinastías Quiché, enlaza el sol con Venus. Thompson sostiene que es el sol y Venus los que fueron mencionados en las fuentes prehispánicas del *Popol Vuh* y que el enlace del sol con la luna es una corrupción del mito original (1960 páginas 221–229).

Realmente, la identificación de los Héroes Gemelos con cuerpos astronómicos se complica porque Hun Hunahpu (1 ahau; eso es, un día en la Rueda Sagrada, conocido como *cholquih* entre los mayas-Quiché) y Vucub Hunahpu (7 ahau; también otro día en la Rueda Sagrada) preceden al Inframundo a su hijo y sobrino, también gemelos, Hunahpu y Xbalanque (véase las Notas 18 y 19). Si estas generaciones de gemelos representan el sol y Venus o el sol y la luna, esto es menos importante que el hecho que el sol está claramente distinguido y que está enlazado con un cuerpo astronómico cíclico. Es significativo que los dos pares se ponen (mueren) en el oeste, pasan por el Inframundo y salen (nacen) por el este. Es casi seguro que el primer par de gemelos (quienes mueren en el Inframundo en las manos de sus dioses) son el sol y Venus (luna) en el oeste y que el segundo par (quienes matan a los dioses del Inframundo, emergiendo victoriosos) son el sol y Venus (luna) en el este. Estos dos pares de Héroes Gemelos son metáforas para la soberanía y su sucesión en la sociedad Quiché—una interpretación que está apoyada por los pasajes consecutivos del *Popol Vuh* que específicamente mencionan los nombres de los fundadores de las dinastías Quiché.

40. En las palabras de Freidel y Schele ". . . la cartelera celestial en la cual los mayas escogen presentar su modelo de la jerarquía muestra dos relaciones mayores entre el sol y Venus . . . Venus el Primer-Nacido anuncia la llegada del sol, el Segundo-Nacido, y después se consume en las llamas de su hermano . . ."

41. El tema de los Héroes Gemelos que probablemente tuvo su origen en el Preclásico, aquí se ve en el proceso de transformación para especificar la sucesión dinástica. Véase la nota 39.

42. La Estela 31 y el Altar 19 se encontraron quebrados y enterrados en la Estructura 5D-33-1a. Probablemente los dos estaban localizados al pie de las escaleras frente de la Estructura 5D-33-2a.

43. Si la sugerencia de Coggins (1975) es válida—que Stormy Sky no era de Tikal, sino de Kaminaljuyú o de Teotihuacán—quizás la presencia de tropas no-mayas indica su origen verdadero.

44. Fuentes mesoamericanas del siglo XVI, primariamente del altiplano de México, revelan que la meta de la guerra mesoamericana era para captuar personas para luego sacrificarlas. Es posible que las orejeras eran medios de grabar el número de nobles capturados.

45. Aunque Coggins (1975, página 188) y Jones (Jones y Satterthwaite 1982, página 68) sostienen que la fecha pintada en la pared trasera del Entierro 48 (9·1·1·10·10) cae once años después de la fecha dedicatoria que aparece en la Estela 31 (9·0·10·0·0), si Satterthwaite tenía razón cuando propuso que la fecha dedicatoria de la Estela 31 era "un 9·3·13·0·0 ó 9·4·0·0·0 suprimido" (Jones y Satterthwaite 1982, página 68), entonces la calavera

Mesoamerican warfare was capture of persons for later sacrifice. Ear plugs may have been a means of recording the number of nobles captured.

45. Although Coggins (1975:188) and Jones (Jones and Satterthwaite 1982:68) argue that the date painted on the rear wall of Burial 48 (9.1.1.10.10) falls eleven years *after* the dedicatory date on Stela 31 (9.0.10.0.0), if Satterthwaite was correct in his proposal for the DD of St. 31 as "a suppressed 9.3.13.0.0 or 9.4.0.0.0" (Jones and Satterthwaite 1982:68), then the ornamental skull shown held in St. 31 could well have been acquired from Burial 48 by the figure shown on St. 31.

46. While the two youths flanking the headless and handless skeleton could have been sacrificed upon reentry of Burial 48, the physical anthropological evidence suggests that the principal's head was removed earlier. The main skeleton's atlas (first cervical vertebra) and axis (second cervical vertebra) had been severed, indicating that decapitation was the cause of death or that the head was severed from the trunk before decomposition set in, a matter of months at most in the tropical environment of Tikal.

47. The physical anthropological analysis of the skeleton inside the tomb's sarcophagus was carried out in Mexico City by Arturo Romano. According to Romano (pesonal communication 1980), there is no possibility that the skeleton found in the sarcophagus could have belonged to a man who died as old as over eighty years.

48. Michael Lind and Javier Urcid, in "The Lords of Lambityeco and Their Nearest Neighbors" (1983), have written a fascinating study of the physical anthropological implications inherent in the skeletons found in the Valley of Oaxaca Lambityeco tombs, clearly demonstrating the practice of multiple reentries in royal tombs.

49. See note 42.

50. See note 29.

51. The precise dates of Ah Cacau's long period of rule are problematic, although the period from 9.12.9.17.16 (A.D. 682) to 9.15.3.6.8 (A.D. 734) seems most likely. See Jones and Satterthwaite (1982) for a thorough discussion of the epigraphic and archaeological factors affecting an understanding of the dates encompassing Ah Cacau's reign.

52. Certain twin-pyramid groups (such as Group 4E-4) may also celebrate this 13-*katun* passage of time, as well as the ends of *katuns*.

53. Thompson (1970:280–282) presents a concise discussion of the Maya gods of the Underworld, the *Bolon ti Ku*, within the context of Maya religion in general.

54. The glyphic texts of Lintel 3 of Temple I include mention of Ah Cacau's accession date at 9.12.9.17.16 (A.D. 682). See Jones and Satterthwaite (1982:97–100) for a discussion of the evidence for the inauguration date of Ah Cacau on Temple I's Lintel 3.

55. Jones and Satterthwaite (1982) examine the glyphic evidence pertaining to Ah Cacau's age when he died.

56. See note 25.

57. The hypothesis that Maya *sacbes* express relative intra and inter site rankings is discussed in Antonio Benavides's published thesis (1976).

58. Jones and Satterthwaite (1982) interpret the events recorded in all known Tikal inscriptions.

59. Ah Cacau's possibly foreign origin may have been a common ground linking himself to the rule of his predecessor, Stormy Sky, who also may have been a foreigner at Tikal.

60. Teotihuacán's influence had declined in Mesoamerica by the Late Classic Period. If this image is related to that Mexican center, it was by tradition only.

adornada que aparece en la Estela 31 pudo muy bien haber sido adquirida del Entierro 48 por la figura que se destaca en la Estela 31.

46. *Aunque los dos jóvenes que flanquean el esqueleto descabezado y sin manos, pudieron haber sido sacrificados durante el reingreso del Entierro 48, la evidencia física antropológica sugiere que la cabeza del individuo principal fue removida anteriormente. El atlas del esqueleto principal (la primera vértebra cervical) y el axis (la segunda vértebra cervical) habían sido separadas, indicando o que la causa de la muerte fue decapitación o que la cabeza fue cortada del cuerpo antes que éste se descompusiera—a lo más, solamente unos meses, dado el medio ambiente tropical de Tikal.*

47. *El análisis antropológico físico del esqueleto dentro del sarcófago de la tumba lo llevó a cabo Arturo Romano en la Ciudad de México. Según Romano (comunicación personal, 1980) no hay posibilidad alguna que el esqueleto encontrado en el sarcófago fuese el de un hombre de 80 años de edad.*

48. *Michael Lind y Javier Urcid, en "The Lords of Lambityeco and Their Nearest Neighbors" (1983) han escrito un ensayo fascinante de las implicaciones antropológicas físicas inherentes en los esqueletos encontrados en las tumbas de Lambityeco, demostrando la práctica de reingresos múltiples en las tumbas reales.*

49. *Véase nota número 42.*

50. *Véase nota número 29.*

51. *Es problemático comprender las fechas precisas del largo reino de Ah Cacau, aunque el período del 9.12.9.17.16 (682 d.C.) al 9.15.3.6.8 (734 d.C.) es bastante prometedor. Véase a Jones y Satterthwaite (1983) para una discusión cabal de los factores epigráficos y arqueológicos que afectan el entendimiento de las fechas que abarcan el reino de Ah Cacau.*

52. *Posiblemente ciertos Complejos de Pirámides-gemelas (como el Grupo 4E-4) celebran el transcurso de estos 13 katunes, al igual que el final de los katunes.*

53. *Thompson (1970, páginas 280–282) presenta una discusión concisa de los dioses mayas del Inframundo, los Bolon ti Ku, en el contexto de la religión maya en general.*

54. *El texto glífico del Dintel 3 del Templo I menciona la fecha de la accesión de Ah Cacau como 9.12.9.17.16 (682 d.C.). Véase Jones y Satterthwaite (1982, páginas 97–100) para una discusión de la evidencia de la fecha de inauguración de Ah Cacau en el Dintel 3 del Templo I.*

55. *Jones y Satterthwaite (1982) examinan la evidencia glífica que pertenece a la edad de Ah Cacau cuando éste murió.*

56. *Véase nota número 25.*

57. *En la tesis de Antonio Benevide publicada en 1976, se discute extensivamente la idea que los sacbés mayas expresan jerarquías relativas entre y dentro de los sitios.*

58. *Jones y Satterthwaite (1982) interpretan plenamente los eventos grabados en todas las inscripciones conocidas en Tikal.*

59. *Es posible que el origen extranjero de Ah Cacau puede haber sido algo en común que lo vinculaba al reino de su predecesor, Stormy Sky, quien quizás también era un extranjero.*

60. *La influencia de Teotihuacán había declinado en Mesoamérica para el Período Clásico Tardío. Si se relacionaba esta imagen al centro mexicano, era sólo por tradición.*

III: THE POLITICAL CONTEXTS OF IMAGE-MAKING AND TEXTS IN MESOAMERICA

Political evolution and early writing evidently were linked in ways that remain to be understood (Marcus 1983:461). For most of the Mesoamerican past, and encompassing virtually all of its territory, image-making was the dominant means of recording information. Such images are complex composites of anthropomorphic beings, combined with local flora and fauna in ways that produce the kind of architectural sculpture represented in the North Acropolis at Tikal. In the Maya lowlands during the Late Preclassic and Early Classic Periods, the use of conspicuous architectural embellishments flanking stairways is the most dramatic example of this mode of communication. The Classic Period in both lowland (Maya) and upland (Zapotec) environments within the Mesoamerican culture area witnessed the public use of texts as a major form of recorded communication. While writing developed during the Preclassic Period in both environments (notably at Kaminaljuyu in the southern Maya highlands), it was only during the Classic Period, after ca. A.D. 250, that significant changes in the use of texts appear in such important and large centers as Tikal and Monte Albán,[61] and that earlier forms of image-making gradually disappear from view.

Images, having the essential quality of nonlinear construction, are particularly suited to conveying the idea that rule is cyclical, because qualitative time is inherent in the image. Such a message is visible in North Acropolis architectural sculpture: that authority should shift among families, based on natural models such as the agricultural and astronomical cycles which divide time into regular, self-repeating intervals of varying duration. Images tend to characterize the office of power as renewing itself periodically from unspecified families. It is true that images can be made to identify specific lineages as, for example, in the heraldry of Europe. Texts, however, because of their linear structure, can specify that only one family has the right to fill the office of power in succession, such as that of Stormy Sky or Ah Cacau at Tikal. Texts can validate rule by single kin groups because of their inherent specificity, a quality essential if named families are to rule in succession. It is possible, of course, to impose a degree of cyclicity on lineal succession by emphasizing the "rebirth" theme or by reusing the same name or sequence of names or titles. It is important to stress that the difference between linear and cyclical succession is one of emphasis, not kind. The choice of how rules of succession are displayed reveals whether the office of kingship is viewed as being *primarily* cyclical

III. LOS CONTEXTOS POLÍTICOS DE LA CREACIÓN DE IMÁGENES Y TEXTOS EN MESOAMÉRICA

La evolución política y el desarrollo de la escritura estaban ligados de una manera que todavía no se ha entendido (Marcus 1983, página 461). Durante la gran parte del pasado de Mesoamérica, y abarcando casi totalmente su territorio, la forma dominante para notar información era por medio de la fabricación de imágenes. Tales imágenes son complejos compuestos de seres antropomórficos combinados con elementos de la flora y la fauna local en formas que producen el tipo de escultura arquitectónica representada en la Acrópolis Norte de Tikal. En las tierras bajas mayas durante los períodos Preclásico y Clásico Temprano, el ejemplo más dramático de este tipo de comunicación es el uso conspicuo de embellecimientos arquitectónicos flanqueando las escaleras de edificios. Durante el Período Clásico en los tierras bajas (maya) y en las altas (zapoteca) se usó públicamente el texto como una forma de comunicación escrita. Mientras que la escritura se desarrolló en los dos ambientes durante el Preclásico (notablemente en Kaminaljuyú), fue únicamente durante el Período Clásico (después de 250 d.C) que aparecen cambios significativos en el uso de los textos en los grandes centros como Tikal y Monte Albán.[61] Gradualmente las formas más antiguas de crear imágenes desaparecieron.

Las imágenes, teniendo la cualidad esencial de construcción no-lineal, están particularmente apropiadas para sugerir la idea que el poder es cíclico porque el tiempo cualitativo es inherente en la imagen. Tal mensaje es visible en la escultura arquitectónica de la Acrópolis Norte: que la autoridad debe de pasar entre familias, basándose en modelos naturales como los ciclos agrícolas y astronómicos los cuales dividen el tiempo en intervalos regulares y repetidos de duración variable. Las imágenes tienden a caracterizar el oficio del poder como siendo renovado periódicamente por familias distintas. Es cierto que por medio de las imágenes se pueden identificar linajes específicos, como por ejemplo la heráldica de Europa. No obstante, los textos, por su estructura lineal pueden especificar que solamente una familia tiene el derecho a llevar el oficio en sucesión, como la de Stormy Sky o de Ah Cacau en Tikal. Porque los textos son específicos, éstos pueden validar el reino por un sólo

or lineal. For example, at Tikal the use of writing seems to respond well to the anxiety of rulers who claim that they and their heirs have a right to rule and not others. In this sense writing betrays a tendency of rulers to "protest too much." Explanation often reveals a certain uneasiness about what is being explained. Perhaps this is why it is difficult for the ethnologist to ferret out "explanations" for basic beliefs: what is taken for granted does not need explanation; when explanation exists, there must be doubt.

Writing is tied to changes in the political order at Tikal since texts, unlike images, can define the rules of succession with precision. If changes are to be made, writing facilitates the process. Texts, not images, have the power to "rewrite history." The evolution of writing may well be linked to the dissemination of political systems that are at variance with the prevailing norms of social organization and succession of power. Such a view sees the use of writing, developed centuries before, as being linked during the Classic Period with political change requiring explanation for shifts in the traditional mechanism of rule. This thesis is consistent with current views of dominant political events occurring in about the 3rd century A.D. in the Maya lowlands and in the 2nd century A.D. in south central Mexico.[62]

Whereas writing gradually developed in the Maya lowlands long before ca. A.D. 250, it was only after that watershed of the beginning of the Classic Period that hieroglyphic texts can be clearly associated with quantitative calendrical notation and with the reigns of named rulers. In the Maya lowlands from A.D. 292–889, dynastic lists in linear form are found represented on various media, most notably on stelae that are closely associated with pyramidal based structures built at the same time. Although calendrical notations on stelae were from the beginning associated with individual rulers (rulers are after all the primary subject matter of all stelae), it is only when these stelae are accompanied by a new architectural iconography, stressing lineal in place of cyclical time, that dynastic rule finally achieves unequivocal authority at Tikal. This change in the socio-political order occurred at the end of the Early Classic Period and can be traced in the iconography of Tikal's funerary architecture.

During the same period, however, at Mesoamerican sites as large or larger than Tikal, writing and an architectural iconography stressing lineal time do not replace image-making as the dominant form of public communication. Quite the contrary, for at the upland site of Teotihuacán, mural painting develops as a medium well suited to the complexities of stressing time's cyclicity. Teotihuacán continues to use image-making in its ubiquitous murals as intricate, formal two-dimensional composites, communicating complex meanings (Miller 1973).

The evidence of a Teotihuacán and a Tikal suggests that it is not axiomatic that writing and centralized political and social organization go hand-in-hand. The hypothesis that the increasing complexity of government requires

linaje, una cualidad esencial si estas familias fueran a gobernar en sucesión. Claro que es posible imponer un grado de "ciclicidad" en la sucesión lineal al enfatizar el tema del "renacimiento" o por el reuso de los mismos nombres en sucesión. Es importante insistir que la diferencia entre la sucesión lineal y la cíclica es una de énfasis, y no de clase. La selección de cómo se presentan las reglas de sucesión revela si se visualiza el oficio de monarca como primariamente cíclico o lineal. Por ejemplo, el uso de la escritura en Tikal responde a la preocupación de los soberanos que reclaman que ellos, y sólo ellos y sus herederos, tienen el derecho de gobernar. En este sentido la escritura revela la tendencia de los soberanos a "protestar demasiado". La explicación frecuentemente revela cierta inseguridad acerca de lo que se está explicando. Quizás ésta es la razón por la cual es tan difícil para el etnólogo descubrir las "explicaciones" de creencias básicas: lo que se da por entendido no necesita una explicación, cuando existen explicaciones se encuentran dudas.

La escritura está ligada a cambios en el orden político en Tikal ya que textos, distinto a las imágenes, pueden definir las reglas de sucesión con precisión. Si hay que hacer cambios en las reglas, la escritura facilita el proceso. Los textos, no las imágenes, tienen el poder de "escribir de nuevo la historia." Es muy posible que el desarrollo de la escritura esté ligado a la diseminación de sistemas políticos que están en desacuerdo con las normas predominantes de la organización social y sucesión de poder. Tal punto de vista percibe un vínculo entre el uso de la escritura (desarrollada siglos antes) y los cambios en los mecanismos tradicionales de gobernar del Período Clásico que requerían explicaciones. Esta tesis es consistente con opiniones actuales acerca de los acontecimientos políticos dominantes que ocurrieron durante el tercer siglo d.C. en las tierras bajas mayas y durante el segundo siglo d.C. en el sur de México central.[62]

Mientras que la escritura se desarrolló gradualmente en las tierras bajas mayas mucho antes del 250 d.C., fue después de esto que se pueden asociar claramente los textos jeroglíficos con la notación calendárica cuantitativa y con los reinos de soberanos específicos. Entre los años 292 y 889 d.C., en las tierras bajas mayas, se encuentran listas dinásticas en forma lineal representadas en varios medios, más notablemente en estelas asociadas con estructuras de base piramidal. Aunque las estelas talladas con notaciones calendáricas fueron desde el principio asociadas con soberanos individuales (los soberanos son, después de todo, el tema primario de las estelas) es solamente cuando están acompañadas por una nueva iconografía arquitectónica, enfatizando el tiempo lineal en vez del cíclico, que

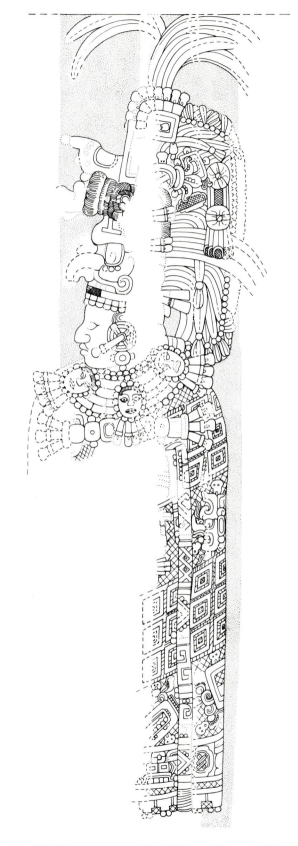

39. Robed woman carved on Lintel 2 of Temple II, possibly the wife of Ah Cacau. (Drawing by William R. Coe)

39. *Mujer vestida tallada en el Dintel 2 del Templo II, posiblemente la esposa de Ah Cacau. (Dibujo por William R. Coe)*

el mando dinástico finalmente logra la autoridad total en Tikal. Este cambio del orden socio-político ocurrió al final del Período Clásico Temprano y se puede trazar en la iconografía de la arquitectura funeraria de Tikal.

Sin embargo, durante el mismo período en centros mesoamericanos tan o más grandes que Tikal, la escritura y la iconografía arquitectónica que enfatizan el tiempo lineal no substituyen la creación de imágenes como la forma predominante de la comunicación pública. Al contrario, en Teotihuacán se desarrolla la pintura de mural como un medio bien adaptado a las complejidades de enfatizar el tiempo cíclico. Teotihuacán continúa a utilizar la creación de imágenes en sus murales ubicuos—imágenes compuestas, densas, aglutinadas y formales que comunican ideas complejas (Miller 1973).

La evidencia de un Teotihuacán y de un Tikal sugiere que no es necesario que la escritura y la centralización de la organización política y social se desarrollaran juntas. En el caso de Mesoamérica, el aumento de complejidad gubernamental no requiere la existencia de textos para ayudar a administrar el estado. Comparado con los centros antiguos en las áreas mayas y zapotecas, parece que Teotihuacán dedicó poca energía al desarrollo de la escritura.[63] No obstante, es difícil imaginar que la organización política de Teotihuacán era menos compleja que la de Tikal. Artefactos monumentales existentes en ambos centros suministran suficiente evidencia para sugerir que se necesitaban jerarquías especiales para planificar, ejecutar efectivamente y pagar por la construcción extensiva llevada a cabo sobre un largo plazo de tiempo.

¿Por qué existía la escritura en Tikal y no en Teotihuacán, cuando los dos centros desarrollaron sistemas políticos muy complejos? ¿Es posible que la escritura sólo pertenece a asuntos de estado, mientras que el uso de imagénes, no? Sabemos suficiente acerca de modos de comunicación para decir que los dos centros se interesaban en la manifestación de varias formas del poder, una preocupación de cualquier sistema político. Sin embargo, las diferencias en los métodos de comunicación sugiere la presencia de actitudes distintas hacia la estructura y sucesión del poder político y sobrenatural, y, por último, diferentes tipos de organización política. Modos de comunicación corresponden a necesidades específicas y esas necesidades reflejan tipos particulares de sistemas—sean éstos políticos, sociales, o religiosos.

La selección hecha por los mayas de las tierras bajas durante el Período Clásico es marcadamente distinta a la de los Teotihuacanos. La mayoría de los académicos de hoy día están de acuerdo que los mayas del Período Clásico desarrollaron una forma de escribir que es parcialmente pictográfica, logo-

texts to help manage the affairs of state is not tenable in Mesoamerica. Compared to the early centers in the Maya and Zapotec areas, Teotihuacán seems to have devoted little energy to the development of writing.[63] Nevertheless, it is difficult to imagine the Teotihuacán political organization as less complex than that of Tikal. Extant monumental artifacts at both sites furnish sufficient evidence to suggest that organizational hierarchies were needed in order to plan, execute effectively and pay for extensive long-term building and architectural elaboration, the ruined remains of which still inspire us. Why did writing exist at Tikal but not at coeval Teotihuacán, when both centers clearly had evolved highly complex political systems? Is it possible that writing only pertains to affairs of state while images do not? We know enough about modes of communication to say that they were both concerned with various kinds of power, clearly a preoccupation of any political system. Nevertheless, the varying methods of communication do suggest different attitudes towards the structure and succession of political and supernatural power, and, ultimately, different kinds of political organization. Modes of communication respond to specific needs and those needs are suggestive of particular types of structured systems, be they political, social, religious or any other manifestation of past behavior.

The choice made by the Classic Period Lowland Maya is in marked contrast to that employed by the Classic Period Teotihuacanos. The Classic Maya developed a form of writing that most specialists now agree is partly pictographic, logographic, ideographic and phonetic (Thompson 1960; Knorozov 1982; Kelley 1976; Marcus 1976b); these characteristics are probably shared by the writing systems of the coeval Zapotec.[64] The Classic Period Teotihuacanos, on the other hand, developed a highly complex form of imagery that was capable of communicating complex structures of meaning. But it was essentially different from the system chosen by the Maya. The Maya and Zapotecs used texts in the propaganda of the state while the Teotihuacanos relied on images. What are the implications of such choices?

The Relationship Between Political Organization and the Emergence of Writing: An Hypothesis

Tikal clearly increased in population and building during the first part of the Classic Period (Haviland 1970:193). After Tikal's hiatus in the dedication of stelae from 9.6.13.17.0–9.13.0.0.0 (A.D. 567–692), the stela cult reemerges with increasing vigor, and rulers are again shown intimately associated with hieroglyphic texts. While the subject matter of stelae, both before and after the hiatus, deals almost exclusively with the rulers themselves or their families, all in a calendrical context, it is

gráfica, ideográfica y fonética (Thompson 1960; Knorozov 1982; Kelley 1976; Marcus 1976b). Probablemente se comparten estas características con el sistema de escribir zapoteca.[64] Por otro lado, en el Teotihuacán del Período Clásico, se desarrolló un sistema de imágenes excepcionalmente complejo el cual era capaz de comunicar complicadas estructuras de significado. Era, sin embargo, esencialmente diferente al sistema de los mayas. Los mayas y los zapotecas usaron textos para la propaganda del estado mientras que los Teotihuacanos dependían de las imágenes. ¿Cuáles son las implicaciones de tales selecciones?

La Relación entre la Organización Política y la Emergencia de la Escritura: una Hipótesis

Es claro que la población y construcción aumentaron en Tikal durante la primera parte del Período Clásico (Haviland 1970, página 193). Después del hiato en la dedicación de estelas entre 9.6.13.17.0 y 9.13.0.0.0 (567 y 692 d.C.), el culto de la estela emerge de nuevo con mucho vigor y otra vez se presentan los soberanos asociados con textos jeroglíficos. Aunque el tema de los textos, antes y después del hiato, trata exclusivamente con los soberanos y sus familias, presentado en un contexto calendárico, es después de 9.13 (692 d.C.) que textos se inscriben en dinteles y fachadas de los templos enormes del Clásico Tardío, y celebran el reino del linaje de Ah Cacau. Estos edificios son muy distintos a sus predecesores. Le faltan las imágenes del tiempo cíclico que dominan los templos funerarios del Clásico Temprano. El cambio es a propósito: Las imágenes no son apropiadas para validar los cambios inevitables de un sistema político antiguo cuando una familia reclama el derecho único al poder. Aunque las imágenes son apropiadas para comunicar el poder multi-faceta de seres sobrenaturales—que un dios es señor sobre el cielo y la tierra, que es el sol en el Inframundo y asociado con la soberanía al mismo tiempo—los textos son mucho más apropiados para registrar los miembros de la familia que venían antes y para especificar quién seguiría en el oficio de gobernante.

Los avances recientes en descifrar los textos jeroglíficos en Tikal, junto con los datos arqueológicos pertinentes (resumidos en el Capítulo II), revelan que la escritura maya trata principalmente con la validación del dominio. En hecho, la dedicación del monumento maya más antiguo conocido, la Estela 29 (Fig. 43), lleva la fecha en la Cuenta Larga de 8.12.14.8.15 (292 d.C.),[65] que puede asociarse con el linaje de Jaguar Paw en la forma de declaraciones de parentezco encontradas en la Estela 31, la cual se eri-

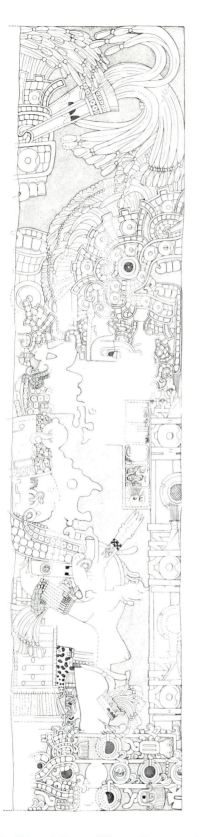

40. Lintel 2 of Temple I, possibly another portrait of Ah Cacau as ruler of Tikal. (Drawing by William R. Coe)

40. *Dintel 2 del Templo I, tal vez otro retrato de Ah Cacau como gobernante de Tikal. (Dibujo por William R. Coe)*

gió más tarde.[66] *Como yo enfatizo que el calendario cíclico más antiguo determinó la vieja práctica mesoamericana de cambiar el mando de familia a familia y de sitio a sitio, éste es un nuevo sistema que observamos por primera vez en textos tan tempranos como 292 d.C. Es un sistema en desacuerdo con el patrón antiguo que caracterizada a Tikal en el Preclásico.*

Jones y Satterthwaite (1982) han calculado la secuencia de soberanos en Tikal, leyendo los textos como una historia política del lugar. La Figura 44 demuestra la sucesión lineal de soberanos de Tikal desde la dedicación de la Estela 29 al final de la secuencia temporal de estelas con la desaparición de la escritura jeroglífica en Tikal. Estos textos identifican a Tikal, el sitio estudiado más intensiva y extensivamente en toda la área maya de las tierras bajas, como un gran centro de poder.

Vale notar que la arquitectura asociada con el linaje de Ah Cacau, discutido en el Capítulo II, está relativamente libre de imágenes. Las que hay, se encuentran limitadas a las cresterías altas, ocultadas en los dinteles interiores de los templos, o en los huesos labrados y después sellados dentro de una tumba. Aunque la evidencia es menos conclusiva, es probable que todos los centros mayas utilizaron la escritura en una manera semejante: un medio discreto para comunicar la sucesión de mando en una sóla familia y un sólo lugar. La estructura de glifos emblemas, interpretado como los nombres específicos para un sólo lugar como Tikal, Palenque, o Copán, incluye un elemento importante llamado el "prefijo ben-ich" (Fig. 45). Porque el prefijo "ben-ich" también se usa para el título de "rey" o senōr, el vínculo entre lugar y gobernante es obvio.[67] Los textos de Tikal sugieren que la Cuenta Larga fue desde un principio asociada con la encapsulación del reino de familias en un contexto lineal. Se puede entender la combinación de la Cuenta Larga con la Rueda Calendárica como un intento a ligar el tiempo cuantitativo ("cuándo") con las antiguas connotaciones cualitativas ("qué") de tiempo cíclico inherentes en las imágenes. Se injertó una nueva forma de notación lineal a una notación cíclica más vieja, amplificando el tiempo cíclico a virtualmente infinitas duraciones.

La Escultura Arquitectónica frente a Plazas Abiertas versus Estelas en Espacios Limitados

Mientras que la relación entre la Cuenta Larga y la Rueda Calendárica ha sido interpretada diferentemente por académicos de la cultura maya, Jones (1979; Jones y Satterthwaite 1982) y Coggins (1975) han propuesto que cada calendario fue ligado inex-

after 9.13 (A.D. 692) that texts are placed on the lintels and facades of the huge Late Classic Tikal temples, which celebrate the rule of the Ah Cacau lineage. These buildings differ markedly from their predecessors. They lack the images of cyclical time which so dominate Early Classic funerary temples. The change is purposeful: images are not suitable for validating the inevitable changes in the long-standing political system that come about when one family claims the right to rule. Whereas images are suited to communicating the multifaceted powers of supernatural beings—that a god is master of both sky and land at the same time, that he is both the sun in the Underworld and associated with rulership at the same time—texts are far better suited to the task of listing family members who came before and specifying who should follow in the office of ruler.

Recent advances in the decipherment of hieroglyphic texts at Tikal, combined with relevant data from archaeological investigations there (discussed in Chapter II), reveal that the subject matter of Maya writing is primarily concerned with the validation of rule. In fact, the dedication of the earliest known lowland Maya monument, Stela 29 (Fig. 43), bears the Long Count date 8.12.14.8.15 (A.D. 292)[65] that may be associated with the Jaguar Paw lineage, although the evidence for this possibility comes from parentage statements on the later Stela 31.[66] Since I argue that the cyclical calendar determined the older Mesoamerican practice of shifting rule from family to family and from place to place, this is a new system we first see in texts as early as A.D. 292. It is a system at variance with the ancient pattern which characterized Preclassic Tikal.

Jones and Satterthwaite (1982) have worked out the sequence of Tikal rulership, reading the texts as a political history of the site. Figure 44 shows the linear succession of the rulers of Tikal from the time of Stela 29 to the end of the stela sequence and the disappearance of hieroglyphic writing at Tikal. In this most extensively and intensively studied site of the lowland Maya area, it is clear that texts delineate the reigns of rulers and identify Tikal as a major center of power. It is significant that the architecture associated with the Ah Cacau line of rulers is relatively free of visual imagery, confining it to high roofcombs, or secreting it on carved lintels in the temple interior or on carved bones and other small objects sealed inside the associated tombs. Although the evidence is far less conclusive, it is probable that all lowland Maya sites used writing in a similar manner, as a discrete means to communicate the succession of rule in one family and in one place. The structure of emblem glyphs, interpreted as a designation of a specific location such as Tikal, Palenque or Copan, includes an important element called the "ben-ich prefix" (Fig. 45). Because the ben-ich prefix is also used as a title for "king" or "lord," the link of place and ruler is obvious.[67] The texts of Tikal suggest that the Long Count was from the beginning associated with locking the rule of individual families

tricablemente a cambios en el proceso político en Tikal. Coggins (1979; 1980; 1983) ve la Cuenta Larga como una expresión del mando político dinástico en constraste al calendario de 260 días que ella liga a influencias mexicanas en Tikal (1979, 1980, 1983). Aunque la posición de Coggins es intrigante, la expansión del calendario mesoamericano básico de 260 días a 260 tunes (unidades de 360 días) parece ser único a Tikal. Es una manera de agrandar una antigua rueda cualitativa para poder usarse cuantitativamente en una forma lineal. Becker (1983), basando su argumento en formas arquitectónicas y entierros asociados, ve una transformación gradual durante el Clásico Tardío en Tikal de un sistema político dual a un sistema hereditario.

Cerca del año 700 d.C., la escultura pública cambia dramáticamente en su forma y contenido. Antes del principio del siglo VIII, la forma dominante de la escultura pública era de enormes embellecimientos arquitectónicos (usualmente imágenes

41a. Lintel 2 of Temple IV. (After Maudslay 1889–1902, Vol. 3, Pl. 72)

41a. *Dintel 2 del Templo IV. (Maudslay 1889–1902, Vol. 3. pl. 72)*

in a linear context. That the Long Count was combined with the cyclic Calendar Round can be seen as an attempt to link elapsed time notations ("when") of quantitative time with the old qualitative connotations ("what") of cyclic time inherent in images. A new form of lineal notation was grafted onto an older cyclic one, by expanding cyclic time to virtually infinite durations.

Architectural Sculpture Facing Open Plazas versus Stelae with Restricted Access

While the relationship between the Long Count and Calendar Round has been interpreted differently by Mayanists, Jones (1979; Jones and Satterthwaite 1982) and Coggins (1975) have argued that each calendar was inextricably tied to changes in political process at Tikal. Coggins sees the Long Count as an expression of Maya

41b. Lintel 2 Temple IV portraying Yaxkin seated on his throne and protected by a giant figure of the Jaguar God of the Underworld. (Drawing by William R. Coe)

41b. *Dintel 2 del Templo IV representando a Yaxkin sentado en un trono y protegido por una imagen enorme del dios jaguar del Inframundo (Dibujo por William R. Coe)*

faciales) en las bases piramidales de los templos flanqueando grandes espacios llamados plazas. Estas áreas públicas podían acomodar grandes números de personas, y las esculturas eran de una escala tan enorme que se podían ver casi todos sus elementos desde las plazas abajo. La Acrópolis Norte (Fig. 8) es un buen ejemplo de la ubicación de este tipo de embellecimiento.[68] Cerca del final del siglo VII d.C., la escultura arquitectónica se restringe más y más de la vista pública. Por ejemplo, el desarrollo de la localización de las estructuras 5D-22 (Fig. 10) y 5D-33 (Fig. 13)[69] revela la tendencia a limitar el acceso a la escultura arquitectónica. Una inaccesibilidad gradual a estas imágenes enormes se debe parcialmente al resultado inevitable del aumento en construcción durante el Clásico Temprano y particularmente después del hiato, quitando de la vista escultura arquitectónica que había sido visible anteriormente. Las estructuras 5D-35, -34, -33, y -32, construídas a mediados del Clásico Tardío efectivamente bloquean la vista de la Acrópolis Norte desde la Plaza Mayor (Fig. 8). En el Clásico Tardío, las esculturas arquitectónicas son más difíciles de ver, y ya no son visualizaciones abstractas del tiempo sino que representan soberanos individuales. Además, atención al tiempo cuantificado y al mando se enfoca en las estelas. Mayormente dinástica, la información en los paneles glíficos consisten de listas de antepasados, similares a las "listas de los reyes" de Sumer antiguo, con la adición de un modo preciso para designar el transcurso del tiempo, conocido como la notación posicional vigesimal. En contraste a las inmensas imágenes en los templos, las estelas son más pequeñas en tamaño y por consiguiente sus textos son más difíciles de ver.[70]

Un enorme texto jeroglífico aparece en la parte posterior y en los lados de la crestería y en el edificio del Templo VI del Clásico Tardío, también conocido como el Templo de las Inscripciones (Fig. 46). Su texto incluye el ejemplo más vociglero de la historia escrita de nuevo en Tikal. La inscripción traza la dinastía del Clásico Tardío a través del Clásico Temprano y hasta el Preclásico. Comienza con la fecha 1139 a.C., una época en la antigüedad cuando Tikal ni existía como una aldea; sin embargo, el glifo emblema de Tikal y títulos de gobernantes del Clásico Tardío están grabados en el pasaje que le sigue a esa fecha. La inscripción está datada al 766 d.C. y parece mencionar un hijo de Yaxkin como soberano. Este es alguien otro que Chitam, el hijo que subió al trono en el 768 d.C.

Se limita aún más el acceso a los textos al relegarlos a paneles pequeños encontrados al frente, a los lados y en la parte posterior de las estelas. Este proceso gradual de hacer inaccesible las estelas se observa en la ubicación de éstas dentro de los espacios limitados de los "Complejos de Pirámides-

political dynastic rule in contrast to the 260-day calendar which she links to Mexican influence at Tikal (1979; 1980; 1983). As intriguing as this argument is, the expansion of the basic Mesoamerican 260-*day* calendar to 260 *tuns* (360-day units) seems to be unique to Tikal; it is a way of expanding an ancient qualitative round so that it could be used quantitatively in a lineal fashion. Becker (1983), basing his argument on architectural forms and associated burials, sees a gradual trend toward hereditary rule during the Late Classic at Tikal in contrast to an earlier dual system of rulership.

At about A.D. 700, public sculpture dramatically changes in form and content. Prior to the onset of the 8th century, the dominant kind of public sculpture was huge architectural embellishments (usually facial images) on

gemelas'' (Fig. 47). *En estos lugares, solamente las pocas personas que se reunían cerca de la puerta de entrada, o dentro del recinto norte podían leer lo que estaba escrito en las estelas.*

Está claro que ''la estela norte parece ser el enfoque arquitectónico de los Complejos de Pirámides-gemelas'' (Jones 1969, página 136). En la estela la Cuenta Larga se reduce a la notación del final del Katún, un modo de notar el tiempo que enfatiza los finales de 20 años de 360 días y ciclos extendidos de la Rueda Sagrada.[71] Se colocan estos retratos de soberanos en los montajes arquitectónicos más inelegantes en las tierras bajas mayas. Lo más incongruo son las dos pirámides con cuatro lados de igual tamaño en una plaza abierta, en vez de estar aisladas

42a. Lintel 3 of Temple IV. (After Coe, Shook and Satterthwaite 1961, fig. 29)

42a. *Dintel 3 del Templo IV (según Coe, Shook and Satterthwaite 1961, fig. 29)*

pyramidal based temples flanking large open spaces called plazas. These public areas could accommodate many people, and the sculptures were of such an enormous scale that virtually all their parts could be seen from the open plazas below. The buildings of the North Acropolis at Tikal (Fig. 8) are a good example of this kind of architectural embellishment and placement.[68] Toward the close of the 7th century A.D., architectural sculpture becomes more and more restricted from view. For example, the development of the 5D-22 (Fig. 10) and 5D-33 (Fig. 13)[69] loci reveals the tendency to restrict access to the architectural sculpture. A gradual inaccessibility to these enormous images is partially the unavoidable result of increased building activity during the Early Classic and particularly after the hiatus, literally crowding formerly

al borde de una plaza como es el patrón normal. También es raro la hilera de estelas simples a un lado, el edificio abovedado de nueve entradas, y el recinto sin techo para la sóla estela tallada, al norte. Se forzaron juntos todos estos componentes en un sólo complejo de edificios desarticulados. Carecen de la gracia, la proporción y la harmonía de la Plaza Mayor con sus templos I y II que la flanquean, o las proporciones elegantes y balance arquitectónico asociado con los templos III, IV, V, y VI, unidos por calzadas. En su lugar, los Complejos de Pirámides-gemelas son un intento inelegante de fundir elementos arquitectónicos que no cuadran como una unidad.

Es significativo que los Complejos de Pirámides-

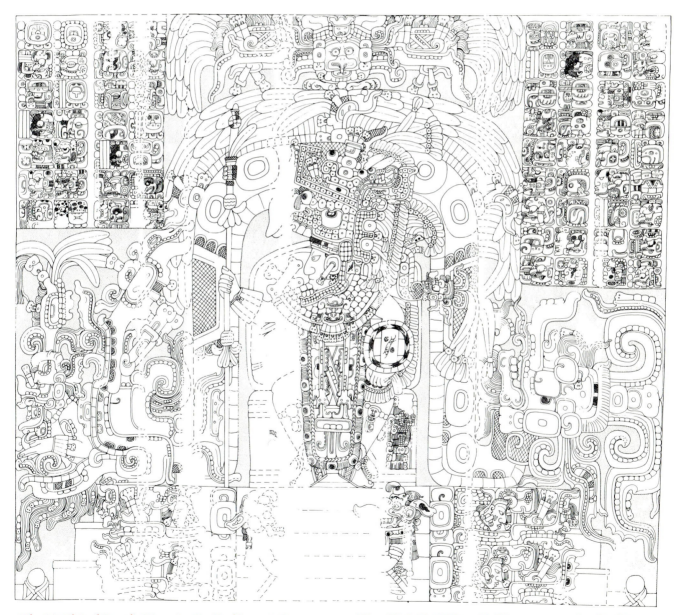

42b. Lintel 3 of Temple IV portraying Yaxkin seated on a throne. Both lintels of this temple name the ruler and refer to his father, Ah Cacau. (Drawing by William R. Coe)

42b. Dintel 3 del Templo IV representando a Yaxkin sentado en un trono. Los dos dinteles de este templo nombran el soberano y hacen referencia a su padre, Ah Cacau. (Dibujo por William R. Coe)

visible architectural sculpture out of view. Structures 5D-35, -34, -33 and -32, all built by the middle of the Late Classic, effectively block the view of the North Acropolis from the Great Plaza (Fig. 8). By the Late Classic, architectural sculpture is more difficult to see, and no longer is an abstract visualization of time but instead depicts named rulers. Furthermore, attention to quantified time and rule is focused on stelae. Largely dynastic, the information in glyph panels consists of lists of ancestors reminiscent of the "king lists" of ancient Sumer, with the addition of a precise form of elapsed time designation known as vigesimal positional notation. In contrast to the enormous images on temple substructures, stelae are smaller in size and their texts are harder to see.[70]

One enormous hieroglyphic text does appear, conspicuously carved on the back and sides of the roofcomb and the temple building of the Late Classic Temple VI, also known as the Temple of the Inscriptions (Fig. 46). Its text includes the most blatant example of rewriting history at Tikal. The inscription traces the Late Classic dynasty through the Early Classic deep into the Preclassic. It opens with the date 1139 B.C., a time in far antiquity when Tikal did not even exist as a village, yet the Tikal emblem glyph and titles of Late Classic rulers are seen in the passage attached to that date. The inscription is dated to A.D. 766 and seems to mention a son of Yaxkin as ruler. This is someone other than Chitam, the son who came to the throne in A.D. 768.

Texts on carved stelae are by the Late Classic relegated to small panels on the fronts, sides or backs of the freestanding vertical rectangels, restricting accessibility. This gradual process of making stelae and their texts less accessible to view is epitomized by stela placement in the confined spaces of the twin-pyramid groups (Fig. 47), where glyph panels can only be seen by those gathered near the door opening in the proper line of sight or by those very few people who could gather inside the north enclosure to see what was written on the paneled sections of the carved stela.

It is clear that "the architectural focus of the Twin-Pyramid Group of Tikal seems to be the north stela" (Jones 1969:136). Here the Long Count is reduced to the *katun*-ending notation, a mode of recording time emphasizing the ends of 20 360-day years and expanded Sacred Round cycles.[71] Yet these carved portraits of rulers are positioned in one of the most extraordinarily awkward architectural assemblages in all of the Maya lowlands. Most incongruous are the two four-sided pyramids of equal size set within an open plaza instead of being isolated on the edge of one, as is the normal pattern. Also odd is the row of plain stelae on one side, the vaulted nine-doorway building, and the roofless enclosure for the lone carved stela to the north. These components are all forced together into a disjointed complex of buildings. They lack the self-confident grace, proportion and harmony of the Great Plaza with Temples I and II flanking it, or the elegant proportioning and architectural balance associated

gemelas llegan a ser importantes en Tikal al final del hiato alrededor de 9.13 (692 d.C.) cuando comenzaron a construir los templos I y II, dedicados a Ah Cacau y su esposa (Jones 1969, página 111). Se puede argüir que la construcción de Complejos de Pirámides-gemelas coincide con la construcción de los templos majestuosos del Clásico Tardío en Tikal por la dinastía de Ah Cacau (Jones 1969; W. R. Coe comunicación personal 1980). Probablemente fue intencional que la construcción del Templo IV coincide con la construcción del Complejo de Pirámides-gemelas, Grupo 4E-4 (Fig. 47). Efectivamente, Jones (1969, página 117) declara que "Quizás la majestad exitosa del templo (el Templo IV) inspiró el enorme tamaño y la ubicación elevada del Grupo 4E-4."

Se han interpretado los Complejos de Pirámides-gemelas como evidencia de influencia mexicana en Tikal (Coggins 1979). Mientras que es posible que influencias extranjeras puedan haber contribuído a tensión política, yo veo la nueva forma arquitectónica como una invención puramente maya. No hay nada semejante a estas formas en el Valle de México. Yaxhá y Becán tienen configuraciones arquitectónicas evocadoras de los grupos de Pirámides-gemelas de Tikal. Coggins (1983) sugiere que puede haber habido un Complejo de Pirámides-gemelas en el centro maya del Período Clásico en el norte de Yucatán, Dzibilchaltún. Esta posibilidad es intrigante, y sugiere que los mayas de Dzibilchaltún también hayan usado el simbolismo de los Complejos de Pirámides-gemelas para expresar un cambio en la orientación política, como parece haber sido el caso en Tikal.

En vista del hecho que la construcción de cada grupo de Pirámides-gemelas parece estar ligada con la construcción de un templo mayor en Tikal, propongo que los complejos representan intentos cohibidos de la dinastía de Tikal para expresar arquitectónicamente el enlace del tiempo cíclico con el lineal, y el nuevo sistema dinástico (basado en el calendario lineal enfatizando tiempo cuantitativo) con el sistema cíclico antiguo (que enfatizaba tiempo cualitativo basado en las celebraciones al final de los Katunes y algunas veces al final de 13 katunes). Se puede ver el comienzo de esta tendencia de revelar una ansiedad acerca de la validez del poder basada en la Cuenta Larga, en la Estela 30/Altar 14 de Tikal, los primeros monumentos datados marcando el final del hiato de Tikal, a 9.13.0.0.0 (692 d.C.). El Altar 14 se asocia con un Complejo de Pirámides-gemelas donde el glifo de 8 ahau (como un glifo en forma de la cara de un mono) enfatiza la índole cíclica del tiempo (Fig. 4). Pero ésta es aún una fecha de Fin de Período, especificando un momento único en el tiempo. El hecho que una fecha de la Cuenta Larga aparece en el círculo que rodea la

with Temples III, IV, V and VI, tied together with causeways. Instead, the twin-pyramid groups are a self-conscious and awkward attempt to fuse together architectural elements that do not fit.

It is significant that the twin-pyramid groups become important at Tikal at the end of the hiatus, just about when changes in temple construction take place, at 9.13 (A.D. 692), close to the time when the first great temples dedicated to Ah Cacau and his wife (Temples I and II) are built (Jones 1969:111). In fact, an argument can be made that construction of the twin-pyramid groups coincides with the erection of Tikal's majestic Late Classic temples of the Ah Cacau dynasty at Tikal (Jones 1969; W. Coe, personal communication 1980). It is probably intentional that the construction of the majestic Temple IV coincides with

fecha central de la Rueda Calendárica revela el interés maya con delinear claramente acontecimientos como episodios únicos en el tiempo lineal. Aunque todas las estelas asociadas con Complejos de Pirámides-gemelas comienzan con una fecha de la Rueda Calendárica, siempre sabemos precisamente cuándo los eventos descritos ocurrieron en el tiempo lineal.

Fue la dinastía de Ah Cacau que tanto se molestó en construir estos montajes inelegantes: esto en sí indica un interés en ligar simbólicamente la Cuenta Larga con la Rueda Calendárica. Para poner el asunto en términos políticos, esto demuestra un interés en ligar el orden nuevo al orden antiguo. Un aspecto conspicuo de los Complejos de Pirámides-

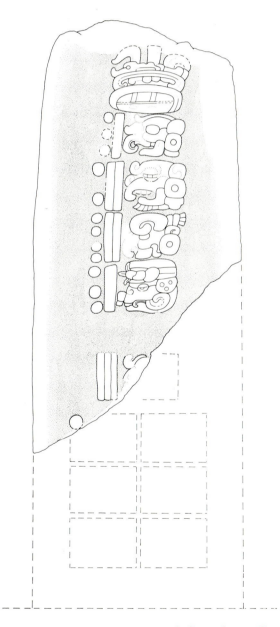

43. Front and back of Stela 29, the earliest date monument at Tikal at A.D. 292. (Drawing by William R. Coe)

43. Vista anterior y vista posterior de la Estela 29, el monumento fechado más antiguo de Tikal: 292 d.C. (Dibujo por William R. Coe)

RULERS OF TIKAL

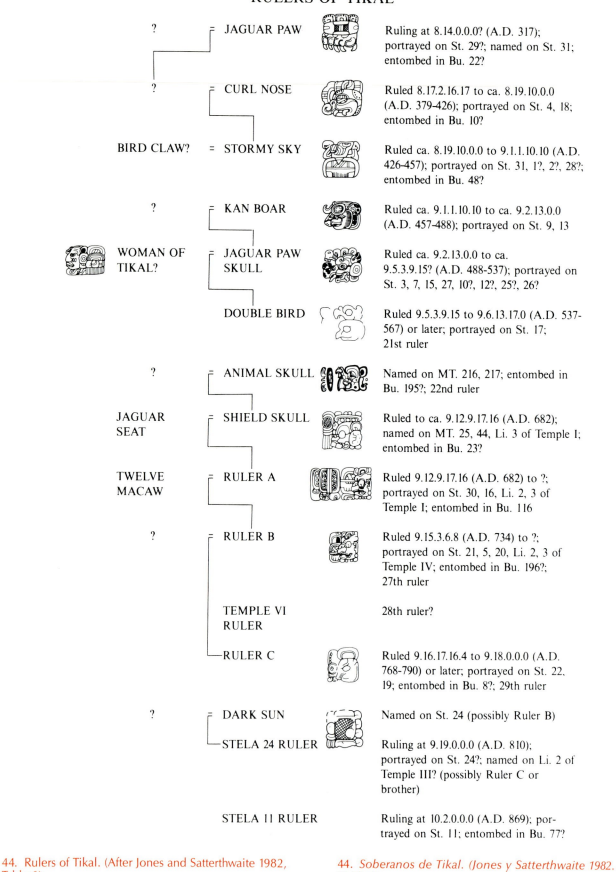

| ? | ⊩ JAGUAR PAW | Ruling at 8.14.0.0.0? (A.D. 317); portrayed on St. 29?; named on St. 31; entombed in Bu. 22? |

? — ⊩ JAGUAR PAW — Ruling at 8.14.0.0.0? (A.D. 317); portrayed on St. 29?; named on St. 31; entombed in Bu. 22?

? — ⊩ CURL NOSE — Ruled 8.17.2.16.17 to ca. 8.19.10.0.0 (A.D. 379-426); portrayed on St. 4, 18; entombed in Bu. 10?

BIRD CLAW? = STORMY SKY — Ruled ca. 8.19.10.0.0 to 9.1.1.10.10 (A.D. 426-457); portrayed on St. 31, 1?, 2?, 28?; entombed in Bu. 48?

? — ⊩ KAN BOAR — Ruled ca. 9.1.1.10.10 to ca. 9.2.13.0.0 (A.D. 457-488); portrayed on St. 9, 13

WOMAN OF TIKAL? — ⊩ JAGUAR PAW SKULL — Ruled ca. 9.2.13.0.0 to ca. 9.5.3.9.15? (A.D. 488-537); portrayed on St. 3, 7, 15, 27, 10?, 12?, 25?, 26?

DOUBLE BIRD — Ruled 9.5.3.9.15 to 9.6.13.17.0 (A.D. 537-567) or later; portrayed on St. 17; 21st ruler

? — ⊩ ANIMAL SKULL — Named on MT. 216, 217; entombed in Bu. 195?; 22nd ruler

JAGUAR SEAT — ⊩ SHIELD SKULL — Ruled to ca. 9.12.9.17.16 (A.D. 682); named on MT. 25, 44, Li. 3 of Temple I; entombed in Bu. 23?

TWELVE MACAW — ⊩ RULER A — Ruled 9.12.9.17.16 (A.D. 682) to ?; portrayed on St. 30, 16, Li. 2, 3 of Temple I; entombed in Bu. 116

? — ⊩ RULER B — Ruled 9.15.3.6.8 (A.D. 734) to ?; portrayed on St. 21, 5, 20, Li. 2, 3 of Temple IV; entombed in Bu. 196?; 27th ruler

TEMPLE VI RULER — 28th ruler?

RULER C — Ruled 9.16.17.16.4 to 9.18.0.0.0 (A.D. 768-790) or later; portrayed on St. 22, 19; entombed in Bu. 8?; 29th ruler

? — ⊩ DARK SUN — Named on St. 24 (possibly Ruler B)

STELA 24 RULER — Ruling at 9.19.0.0.0 (A.D. 810); portrayed on St. 24?; named on Li. 2 of Temple III? (possibly Ruler C or brother)

STELA 11 RULER — Ruling at 10.2.0.0.0 (A.D. 869); portrayed on St. 11; entombed in Bu. 77?

44. Rulers of Tikal. (After Jones and Satterthwaite 1982, Table 6)

44. *Soberanos de Tikal. (Jones y Satterthwaite 1982. Tabla 6)*

the building of the largest twin-pyramid group, Group 4E-4 (Fig. 47). Indeed, Jones's intensive study of Tikal twin-pyramid groups concludes that "perhaps the successful majesty of the temple (Temple IV) inspired the enormous size and elevated situation of Group 4E-4" (1969:117).

The twin-pyramid groups at Tikal have been interpreted as evidence for Mexican influence at Tikal (Coggins 1979). While foreign influence may have contributed to political tensions, I view the new architectural form as a uniquely Maya invention; there is nothing like them in the Valley of Mexico. Nearby Yaxha and more distant Becan, however, both have architectural configurations reminiscent of Tikal's twin-pyramid groups. Coggins (1983) suggests that the Classic Maya site of Dzibilchaltun in nothern Yucatan may have had a widely spaced twin-pyramid complex. This presents the intriguing possibility that the Maya at that northern lowland site may well have used the symbolism of the twin-pyramid groups to express a shift in political orientation, as seems to have been the case of Tikal.

In view of the fact that each twin-pyramid group seems to be linked to the construction of a major temple at Tikal, I suggest that the groups represent a self-conscious attempt by the Tikal ruling dynasty to express architecturally the linking of lineal with cyclical rule, and the new dynastic system based on the lineal calendar stressing quantitative time with the older cyclical one stressing qualitative time based on the celebrations at the end of *katuns* and sometimes at the end of 13 *katuns*. The beginning of this tendency to betray an anxiety about the validity of rule based on the Long Count can be seen in Tikal Stela 30/Altar 14, the first dated monuments marking the end of Tikal's hiatus, at 9.13.0.0.0 (A.D. 692). Associated with a twin-pyramid group, Altar 14 depicts 8 *Ahau* as a giant monkey-face glyph, to emphasize time's cyclicity (Fig. 4). But this is still a period-ending date, specifying a moment in time. The fact that a Long Count date appears in the circle surrounding the central Calendar Round date reveals the Maya concern with clearly rendering events as unique episodes in lineal time. Even though all subsequent twin-pyramid stelae begin with a Calendar Round date, we are never left in doubt as to precisely when in elapsed time the events described occurred.

It was the Ah Cacau dynasty that went to such extraordinary trouble to construct these awkward twin-pyramid assemblages. This alone suggests preoccupation about their symbolic content of linking Long Count with Calendar Rounds or, to put it in real political terms, linking new rule with old. A conspicuous aspect of the twin-pyramid complexes is their apparent reference to cosmic metaphors for cyclical rulership reminiscent of the deity images that embellished Late Preclassic and Early Classic architecture at Tikal. Guillemin (1968) refers to the older cosmic metaphor by suggesting that the stepped profiles of the twin pyramids define the path of the sun from sunrise to sunset and its passage through the Under-

gemelas es su referencia a metáforas cósmicas para la soberanía cíclica, evocadora de las imágenes de deidades que embellecían la arquitectura de Tikal durante los períodos del Preclásico Tardío y el Clásico Temprano. Guillemin (1968) se refiere a la metáfora cósmica antigua cuando interpreta que los perfiles escalonados de las pirámides gemelas definen el paso del sol por el cielo y por el Inframundo. Freidel (1979) piensa que ésta es la misma materia que se incluye en la iconografía arquitectónica en otros sitios de las tierras bajas mayas durante el Período Preclásico Tardío.

En apoyo de mi propia interpretación de los Complejos de Pirámides-gemelas, recalco de nuevo que ninguna de las estelas al lado norte que llevan retratos de soberanos contienen fechas en la Serie Inicial.[72] Es como si el calendario dinástico quintaescenciado expresando el mando lineal asociado con anteriores soberanos del Tikal Clásico fuera excluído deliberadamente de los montajes arquitectónicos más tardíos que celebran el tiempo cíclico. Nuevas formas de notar el tiempo simbolizan nuevas orientaciones políticas. Pero las fechas de la Rueda Calendárica celebrando finales del Katún y el ciclo "hinchado" de 260 tunes ó 13 katunes (en el caso del Grupo 4E-4) son, a pesar de sus referencias al tiempo cíclico, primariamente referencias al tiempo cuantitativo. También vale notar que el tamaño de los Complejos de Pirámides-gemelas parece complementar el tamaño de los coetáneos templos funerarios de los soberanos de Tikal, en una planificación arquitectónica de contrapunto. Aparece como si los gobernantes de Tikal construyeron los Complejos de Pirámides-gemelas para justificar su reino dinástico en un intento desesperado para influir la realidad política con ejercicios vanos en explicación arquitectónica. Al fin, la realidad política humilló la fantasía arquitectónica, porque la construcción de las estelas, templos, y Complejos de Pirámides-gemelas terminó poco después de 9.18.0.0.0 (790 d.C.).

Resumen

El concepto tradicional del mundo del pueblo mesoamericano era abrumadoramente cíclico. Observaciones de fenómenos astronómicos, unidos a las rutinas estacionales de sacrificios y de siembra (tan cruciales para la produción de alimentos) proveían el patrón cosmológico básico mesoamericano por el cual se modeló la organización social y política. Una vista cíclica de la organización social prevaleció en el período colonial y aún en día permanece así entre grupos indígenas. Los zapotecas y los mayas del Período Clásico partieron con esta norma y explotaron una forma de comunicación bien adaptada a una vista lineal del pasado y el fu-

world, subject matter that Freidel (1979) suggests is included in the iconography of the Late Preclassic architectural sculpture elsewhere in the Maya Lowlands. In support of my interpretation of the twin-pyramid groups, I stress again that none of the north stelae, showing the portraits of rulers, bear Initial Series dates.[72] It is as if the quintessential dynastic calendar of expressing lineal rule associated with earlier Classic Period Tikal rulers is purposefully excluded from mention in the context of later architectural assemblages emphasizing celebration of cyclical time. New outward forms of recording time symbolize new political orientations. But the twin-pyramid group Calendar Round dates celebrating *katun* endings and the ballooned cycle of 260 *tuns* or 13 *katuns* (in the case of Group 4E-4) are, despite their self-conscious reference to cyclicity, still primarily quantitative time referents. Noteworthy, too, is the fact that the size of the twin-pyramid groups seem to complement the size of coeval funerary temples associated with Tikal rulers in counterpoint architectural planning. It is as if the Tikal rulers erected twin-pyramid groups to justify their continuing power by referring to the older cyclical model of rule. As such, it was a desperate attempt to influence political reality through vain exercises in architectural explanation. Political reality evidently humbled architectural fantasy, for the erection of stelae, temples and twin-pyramid groups stopped soon after 9.18.0.0.0 (A.D. 790).

Summary Discussion

The traditional world view of the Mesoamerican peoples was overwhelmingly cyclical. Observations of astronomical phenomena, coupled with seasonal rounds of sacrifice and planting, so crucial in the successful production of food, provided the basic Mesoamerican cosmological pattern on which man's social and political organization were modeled. A cyclical view of social organization prevailed in the colonial period and it remains so among indigenous groups today. The Classic Maya and Zapotec departed from this norm and exploited a form of communication well suited to a lineal view of the past and of the future. The underlying cause for this change is seen as fundamentally politcal. Writing imbedded in a calendrical matrix appears to have been a means of communication exploited by the ruling dynasties to maintain and justify their power in time and place. The use of lineal texts and lineal counts in the service of lineal dynastic rule was a revolutionary development in the Mesoamerican past that occurred in the heartlands of the Maya lowlands and the south Mexican highlands. In those two areas, competition for lands and territories were severe and new ideas proffered by competing power groups constantly came into play in bids for influence over others. It is the kind of change characteristic of the centers of society where economic and cultural resources are relatively rich and where individuals

turo. Se entiende la causa fundamental para este cambio como política. La escritura incrustada en una matriz calendárica aparece haber sido un medio de comunicación explotada por la aristocracia para mantener y justificar su poder. El uso de textos y calculaciones lineales en el servicio del reino dinástico fue un desarrollo revolucionario y ocurrió en el puro centro de Mesoamérica en las tierras bajas mayas y las tierras altas del sur de México central. En estas dos áreas, la competencia para tierras y territorios era severa; las ideas nuevas ofrecidas por grupos de poder en competencia, constantemente se encontraban en una puja para influenciar las otras. Es el tipo de cambio característico de los centros de la sociedad donde los recursos económicos y culturales son relativamente ricos y donde los individuos en control de gobiernos autoritarios tienen que justificar constantemente su derecho a mantener su poder sobre el pueblo y los territorios.

Aquí la hipótesis principal ha sido que durante el Período Clásico en Tikal énfasis en el medio de comunicación cambió de hacer imágenes a producir textos, combinado con la cesación de hacer imágenes del tiempo cíclico las cuales previamente habían adornado las subestructuras de templos. Se piensa que esto refleja un cambio fundamental en el concepto de gobernar resultando en una nueva ideología política enfatizando la sucesión lineal específica. En las tierras bajas mayas y posiblemente en las tierras altas mexicanas del sur, la aristocracia decidió hacer un cambio en el sistema cíclico tradicional de la transferencia del poder. Este itinerario antiguo enfatizó una vista cíclica del pasado y del futuro, basada en la observación empírica de los patrones de ciclos astronómicos y agrícolas. Es un patrón tan viejo que sus orígenes están perdidos en los principios de la vida sedentaria en Mesoamérica.

Frente a la vieja teoría de la autoridad que mandaba que el poder tenía que trasladarse en tiempo y espacio según ciclos naturales, fue un mayor y sostenido esfuerzo que cambió el énfasis a los aspectos cuantitativos del tiempo. Pero un sistema que enfatiza la sucesión al poder lineal en vez de cíclico debió instilar graves dudas entre la población tradicional, particularmente cuando las formas de comunicar el nuevo orden eran discretas y seguramente ininteligibles para ellos. Los textos de los cuales les contaban, pero los cuales ellos no podían leer, tienen que haber tenido poderes mágicos y transformativos para ellos, algo parecido a los campesinos Budistas de Tailandia hoy día que oyen pero no entienden los refranes rituales de los monjes (Tambiah 1968). Para los campesinos mesoamericanos, si los líderes apuntaban estos cambios como textos mágicos, éstos tenían que haber sido verdaderos. La dirección de la nobleza se estableció por empresas comerciales y campañas militares donde

45. The *ah-po* or *ben-ich* prefix, signifying "lord," and the Tikal emblem glyph on Stela 31.

45. *El prefijo* ah-po *o* ben-ich, *que significa "señor" y el glifo emblema de Tikal en la Estela 31.*

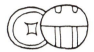

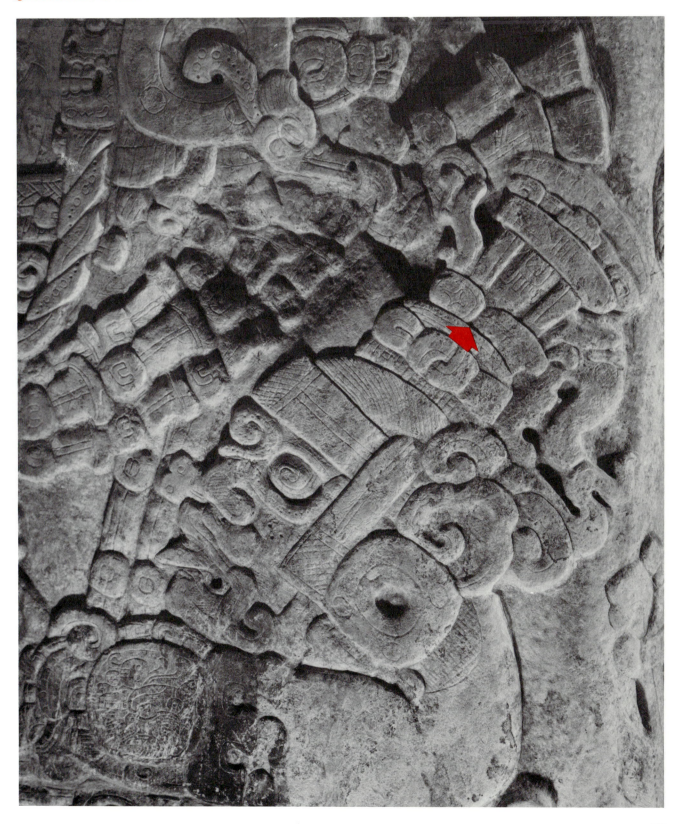

in control of authoritarian governments must constantly justify their right to maintain power over peoples and territories.

The major hypothesis here has been that the shifting emphasis in mode of communication from image-making to texts during the Classic Period at Tikal, combined with the cessation of making images of cyclical time which had previously adorned temple substructures, reflects a fundamental change in the concept of rule resulting in a new kind of political ideology stressing specified lineal succession instead of unspecified cyclical patterns of governance. In the Maya lowlands and possibly in the south Mexican highlands as well, the ruling elites decided to make a change in the traditional system of transference of rulership. This ancient scheduling system stressed a cyclical view of the past and of the future, based on the empirically observed pattern of astronomical and agricultural cycles, a pattern so old that its origins are lost in the very beginning of settled life in Mesoamerica.

In the face of such an ancient view of authority that power must shift in time and place according to natural cycles, it was a major and sustained effort indeed that shifted emphasis to time's elapsed, unique quantitative aspects. But a system stressing lineal instead of cyclical succession of power must have instilled grave doubts among a tradition-minded population, particularly when the forms of communicating these new emphases were discrete and surely unintelligible to them. The texts they were told about but could not read must have carried magical transformative powers for them, much as ritual sayings heard but not understood have for Buddhist farmers in Thailand today (Tambiah 1968). If the rulers wrote these changes down as magical texts, they must be true. The leaders of the nobility, having established themselves by successful military and commercial exploits and having shown themselves to be masters of other people's cultural calendars, had only to convince each other that rule could last more than one generation in one family instead of shifting between families, and that the seat of power did not have to move from site to site as it seems to have done in the past, but could stay in "home sites" of selected families. The visual propagation of that political doctrine is manifest in Tikal's splendid Late Classic architecture.

Rotating political responsibility modeled on nature's cycles appears to be more enduring than dynastic rule based on lineal time. It seems to have been the pattern in the Preclassic, when various centers emerged as political foci on the basis of cyclical models of time expressed in the prominent architectural sculpture associated with funerary temples dedicated to rulership. Late Postclassic and Colonial Yucatán appears to have returned to the older cyclical system, using the katun name (8 Ahau) to shift political power from site to site (Edmonson 1982). The traditional Mesoamerican calendar, stressing cyclic alternation of power, corresponded to a pattern of social

llegaron a ser los dueños de los calendarios culturales de otros pueblos. Con su éxito, la aristocracia sólo tenía que convencerse a sí misma que el dominio podía durar más de una generación en una familia y podía permanecer en un sólo lugar, en el hogar de familias selectas. Así se convencieron que la capital no tenía que trasladarse de centro a centro, ni pasar de familia a familia. La propagación visual de esa doctrina política se manifesta en la espléndida arquitectura de Tikal del Clásico Tardío.

La rotación de la responsibilidad política basada en ciclos naturales parece haber sido más perdurable que el reino dinástico basado en el tiempo lineal. Parece haber sido el patrón durante el Preclásico cuando varios centros emergieron como focos políticos basados en modelos del tiempo cíclico, expresados en la escultura arquitectónica asociada con templos funerarios dedicados a la soberanía. También en el Yucatán post-clásico y colonial volvieron al sistema antiguo cíclico, usando el nombre del katún (8 Ahau) para trasladar el poder político de un centro a otro (Edmonson 1982). El calendario tradicional mesoamericano, enfatizando la alternación cíclica del poder, correspondía a un patrón de organización social y política que se expresó visualmente en imágenes sofisticadas y complejas como hemos visto en la escultura arquitectónica de la Acrópolis Norte de Tikal. Es improbable que el uso de imágenes y sus implicaciones cíclicas se perdieran en las tradiciones del pueblo maya de las tierras bajas del Período Clásico, a pesar del intento de la aristocracia ambiciosa de cambiar los patrones del pasado. Su esfuerzo sólo tuvo éxito durante un período relativamente corto. El abandono completo del sistema cuantitativo de notación calendárica, la Cuenta Larga, en estelas, al final del Período Clásico en las tierras bajas mayas y un regreso a notaciones enfatizando los aspectos cualitativos del tiempo cíclico, es un testimonio material a la perseverancia del sistema antiguo.

No he tratado de decir que la escritura se desarrolló como una respuesta a la gobernación dinástica. La escritura existió anteriormente en Mesoamérica, mucho antes de los linajes dinásticos del Período Clásico en las tierras bajas mayas y México central sur. Era explotada por ciertas dinastías pretenciosas que con éxito habían consolidado poder en un tiempo cuando había mucho interés en las fortunas materiales por parte de los mayas de las tierras bajas. Tampoco se pueden asociar las estelas únicamente con el reino dinástico. Sin embargo, junto con cambios en la iconografía arquitectónica, el culto de la estela llega a ser la herramienta mayor de propaganda de familias selectas, aún cuando fechas de la Rueda Calendárica se usan exclusivamente en los Complejos de Pirámides-gemelas. Estas fechas de la Ruede Calendárica son, como

46a,b. Rear of the Temple of the Inscriptions, Tikal, carved with a long hieroglyphic history of the Tikal rulers. (Drawing *a* by Anita Zale after H. Stanley Loten; drawing *b* by William R. Coe)

46 a,b. *Vista posterior del Templo de las Inscripciones, Tikal, labrado con una larga historia jeroglífica de los soberanos de Tikal. (Dibujo a por Anita Zale, por uno de H. Stanley Loten; dibujo b por William R. Coe.*

and political organization that was expressed visually in sophisticated and complex image-making such as we have seen in Tikal North Acropolis architectural sculpture. It seems unlikely that image-making and its cyclical implications were ever lost in the folk traditions of the Classic Period Lowland Maya, despite the attempt of their ambitious rulers to change the patterns of the past. Their attempts were only successful for a relatively short period. The complete abandonment of the quantitative Long Count system of calendrical notation on stelae at the end of the Classic Period in the Maya lowlands and a return to notations emphasizing the qualitative aspects of cyclical time is a material testament to the perseverence of the older system.

I have not tried to say that writing developed as a response to dynastic rule. Nor do I maintain that writing is linked to dynasties, for dynasties may be as old as the Olmecs. Preexisting in Mesoamerica long before the Classic Period dynastic lineages of the Maya lowlands and south central Mexico, writing was exploited by certain ambitious families that successfully consolidated power at a time when the material stakes were particularly high in the fortunes of the Lowland Maya. Nor can stelae be associated solely with dynastic rule. Combined with the changes in architectural iconography, however, the stela cult becomes the major propaganda tool of select families, even when Calendar Round dates are exclusively used as in the twin-pyramid groups. These Calendar Round dates are, as used on stelae, essentially lineal designations, unaccompanied by the cyclical imagery characteristic of the Early Classic temples. And the systems of calendrical notation stressing time's quantitative aspects seem to be much older than the Classic Maya, as the Preclassic Period data from Tres Zapotes in Veracruz and El Baúl in Guatemala would suggest.

While dynastic rule, writing and the Long Count surely existed earlier, I do suggest that the refinement and complexity of writing and the emphasis on quantitative calendrical notations reaches impressive heights as a result of very practical and political motivations of the Late Classic Tikal rulership. I also see the visual images of the calendar on Early Classic Tikal funerary architecture as related to Maya concepts of rotational rule: the gods' cyclical reign over time periods served as a metaphor for traditional rulership. Certain named Tikal rulers, just about at the transition between the Early and Late Classic Periods, underplayed the kind of imagery we see in Early Classic architectural sculpture in favor of writing, which was both less public and was associated with calendrical notation stressing lineal time, and its dynastic associations. While Early Classic rulership was also tied to family groups, it may well have had a rotational character, probably shifting among a selected group of families. This earlier concept of rulership was more like what in Western history is known as *primus inter pares* and was hardly "egalitarian" in the modern sense. It was a time of troubles (a "hiatus" in stela carving is one indicator),

usadas en las estelas, fundamentalmente designaciones lineales y no están acompañadas por las imágenes cíclicas características de los templos del Clásico Temprano. Los datos de los sitios arqueológicos preclásicos de Tres Zapotes en Veracruz y El Baúl en Guatemala sugieren que el sistema de notación calendárica que enfatiza los aspectos cualitativos del tiempo es más antiguo que el Período Clásico. Aunque la escritura y la Cuenta Larga seguramente existieron más temprano, creo que el refinamiento y complejidad de la escritura con el énfasis en notaciones calendáricas cuantitativas alcanzaron su zénit como el resultado de motivaciones prácticas y políticas por parte de la soberanía de Tikal durante el Clásico Tardío. También veo las imágenes del calendario en la arquitectura funeraria del Período Clásico Temprano como relacionadas a los conceptos mayas de la rotación del mando: el reino cíclico de los dioses sobre períodos de tiempo sirvió como una metáfora para la soberanía tradicional.

Alrededor de la transición entre los períodos Clásico Temprano y Tardío, ciertos líderes de Tikal le dieron menos importancia a la clase de imágenes que vemos en la escultura arquitectónica del Clásico Temprano a favor de la escritura que es menos pública y estaba asociada con la notación calendárica enfatizando el tiempo lineal y el reino dinástico. Mientras que la soberanía del Clásico Temprano estaba ligada a grupos de familias, podía haber tenido un carácter de rotación, probablemente pasando entre grupos de familias selectas. Este concepto antiguo de la soberanía se asemeja más a lo que se conoce en la historia occidental como primus inter pares, y era apenas igualitario en el sentido moderno. Era un tiempo de dificultades (un indicador es el "hiato" en la talla de las estelas), evidente en otros centros mayas de las tierras bajas pero particularmente severo en Tikal. Es posible que esta transición difícil entre el Clásico Temprano y Tardío dió nuevas oportunidades para que familias reclamaran el poder en un patrón lineal en vez del patrón cíclico tradicional. Nuevo crecimiento económico depués de una larga declinación (quizás, reflejando la ubicación favorable de Tikal en la reasunción de intercambio de bienes de lujo por largas distancias[73]) posiblemente haya lanzado a Tikal a una prosperidad económica hasta entonces no conocida dando a las familias en competencia la tentación de agarrar el poder durante más tiempo que el proscrito en los calendarios. Para promover el nuevo régimen, era necesario cambiar las reglas de sucesión: las imágenes antiguas del poder cíclico, presentadas tan patentemente en los templos de la Acrópolis Norte, tenían que ser eclipsadas por un nuevo tipo de templo funerario. Así, la estructura 5D-33-1a bloquea la vista de los templos más antiguos. El entierro, por Ah Cacau, del templo mortuario de

evident in other southern Maya lowland sites but particularly severe at Tikal, marking this transition between Early and Late Classic Tikal, that seems to have provided new opportunities for families to claim rule in a lineal rather than traditional rotating pattern. Renewed economic growth after a long decline, perhaps reflecting Tikal's favorable position in the Late Classic resumption of long-distance trade of luxury goods,[73] may have catapulted Tikal into an economic boom it had previously not experienced, providing a greater temptation for competing families to grab control for longer than the anciently prescribed periods. To propagandize the new regime, changing the rules of succession was deemed necessary: the older images of rotational rule so prominently displayed on Early Classic North Acropolis temples had to be overshadowed by the new kind of royal funerary temple. Thus, 5D-33-1st blocks the view of the earlier temples; Ah Cacau's burying of Stormy Sky's monument inside of his ornately sculpted funerary temple and covering it over with the new architectural form that characterizes Late Classic Tikal is the most dramatic example of this covering over the old to validate the new regime (see Chapter II). Structure 5D-33-1st stood high, blocking the view of earlier testaments to cyclical rule modeled on the ancient gods of the Sacred Round who were closely associated with Tikal's traditional royalty (Fig. 23). The enormous Late Classic pyramids of Tikal, all of which are dedicated to the Late Classic dynasties established by Ah Cacau, are self-aggrandizing monuments *par excellence*. Associated with each of these structures, stripped of earlier references to gods of cyclical time, are the enormous twin-pyramid groups. Notwithstanding their awkward, self-conscious references to cyclical time, they are fundamentally elapsed time markers, celebrating the ends of *katuns* and even ballooning the sacred 260-day unit into *tuns*, belying their cyclical structure by stressing time's lineal aspects. It is clear that the Late Classic rulers could never forget the past; instead they tried to change it by rewriting it on stelae, using time to chart out events lineally, thereby stressing their own uniqueness.

I see the use to which the Late Classic Maya rulership put preexisting systems of writing and the ways in which they intermeshed the Long Count calendrics with the quantification of the Calendar Round seen in the twin-pyramid groups, combined with the altering of Early Classic architectural sculpture, as nothing short of ingenious and revolutionary in Mesoamerican history. And the magnificent architecture of Late Classic Tikal, much of it dedicated to propagating the new order, remains one of the architectural marvels of the world.

It is important to stress that the sophisticated use of architecture, writing and calendrics, representing the highest achievements in Mesoamerican intellectual history, are not the product of arcane, esoteric exercises by the "mysterious Maya," the result of ponderings by pre-Columbian mystics cloistered away in discrete

Stormy Sky debajo de su templo funerario y cubriéndolo con la nueva arquitectura del Período Clásico Tardío es el ejemplo más dramático del proceso de cubrir lo viejo para establecer el régimen nuevo (véase el Capítulo II). La extremadamente alta Estructura 5D-33-1a bloqueaba la vista a los testimonios más antiguos del reino cíclico, basados en los dioses antiguos de la Rueda Sagrada quienes se asocian con la realeza tradicional de Tikal. Las enormes pirámides del Clásico Tardío en Tikal, todas las cuales se dedicaron a las dinastías del Clásico Tardío establecidas por Ah Cacau, son monumentos, por excelencia, para su agrandamiento propio. Asociadas con cada una de estas estructuras están los grandes Complejos de Pirámides-gemelas, despojados de cualquier referencia a los dioses del tiempo cíclico. Estos complejos celebran el final de los katunes y, agrandecen la unidad sagrada de 260 días o tunes, desmintiendo su estructura cíclica enfatizando los aspectos lineales del tiempo. Durante el Clásico Tardío los soberanos no podían olvidar el pasado, y trataron de cambiarlo al escribirlo de nuevo en las estelas usando el tiempo lineal para trazar los eventos y así enfatizar su propia individualidad.

Veo de qué manera más ingeniosa y revolucionaria los soberanos mayas del Clásico Tardío pusieron al uso sistemas de escritura ya existentes y la manera en que entrelazaron la Cuenta Larga de la Serie Inicial con la cuantificación de la Rueda Calendárica observado en los Complejos de las Pirámides-gemelas combinados con la alteración de la escultura arquitectónica del Clásico Temprano. La arquitectura magnífica de Tikal del Período Clásico Tardío, en su mayoría dedicada a propagar el orden nuevo, permanece como una de las maravillas arquitectónicas del mundo.

Es importante enfatizar que el uso sofisticado de la arquitectura, la escritura y el calendario, representando el logro más alto de la historia intelectual mesoamericana, no fue el producto de los ejercicios arcanos y esotéricos de los "mayas misteriosos," el resultado de meditaciones de místicos precolombinos enclaustrados en "centros ceremoniales" aislados. Más bien, la arquitectura, las imágenes, los calendarios, y la escritura fueron refinados y transformados ingeniosamente para fines políticos concretos, donde el control de las masas y los territorios eran de interés inmediato.

Para controlar los calendarios culturales, miembros selectos de la jerarquía autoritaria maya mobilizaron recursos tras el desarrollo de nuevas formas de imágenes, arquitectura, notación calendárica y el refinamiento de la escritura que les ayudarían alcanzar sus metas políticas en el contexto de una religión oficial; la justificación de un sistema de gobernación lineal con el poder residiendo precisa-

47. Group 4E-4, one of several twin-pyramid complexes at Tikal, celebrating the ends of *katuns*. (Drawing by Norman Johnson)

47. *Grupo 4E-4, uno de varios Complejos de Pirámides-gemelas en Tikal, celebrando los fines de los* katunes. *(Dibujo por Norman Johnson)*

"ceremonial centers." Rather, architecture, imagery, calendrics and writing were refined and ingeniously transformed for real political ends, where issues of control over peoples and territories in the form of the cultural calendars were immediately at stake. In order to control cultural calendars, which promised to yield more than at any time in the past, select members of the authoritarian Maya hierarchy mobilized resources behind the development of new forms of imagery, architecture, calendrical notation and the refinement of writing that would all help achieve their political goals in the context of an official religion: the justification of a system of lineal rule with power residing in precisely the place where all the action was and in those single family lines that sought to control that action. To carry out these real political aims, time and its deity manifestations that were the models for rule were transformed from primarily cyclical to primarily lineal beings whose reigns were construed as unique events clearly marked by elapsed time designations. Maya calendrics and writing were refined as instruments of control over time, territories and the people who lived in them. These were the changing means by which the changing Tikal rulers of time maintained control over the populace. It was an uneasy stasis,

mente en el sitio donde se encontraba toda la acción y en esas líneas de familia que buscaban controlar esa acción.

Para llevar a cabo estos fines políticos, el tiempo y sus manifestaciones como deidades que eran los modelos para el mando, se transformaban de seres primariamente cíclicos a seres primariamente lineales cuyos reinos eran interpretados como eventos únicos y marcados claramente con designaciones del tiempo transcurrido. Se refinaron la escritura y los calendarios maya como instrumentos de control sobre el tiempo, los territorios y la gente que vivían en ellos. Estos eran los medios por los cuales los soberanos de Tikal mantuvieron el control sobre el pueblo. Era una cesación insegura, porque los mayas demostraron su preferencia hacia lo cíclico en sus objeciones conservadoras a los revolucionarios del Clásico Tardío.

NOTAS III

61. *La Estela 29 de Tikal que se data al 292 d.C. (8.12.14.8.15 en el sistema de la Cuenta Larga), es el ejemplo más antiguo de la escritura y el sistema calendárico maya del Período Clásico. David Freidel ha observado una referencia iconográfica de los signos* kin *y*

for the Maya proved their preference for cyclicity in their conservative objections to the Late Classic revolutionaries.

NOTES III

61. Tikal's Stela 29, dated A.D. 292, or 8.12.14.8.15 in the Maya Long Count system, marks the earliest example of the Classic Maya system of writing and calendrics on stelae. David Freidel has reported iconographic reference to *kin* and *yax* signs, indicating that Classic Period writing existed in the Central Peten by as early as A.D. 50 (Schele 1982). Given the evidence, association of stelae with texts cannot be dated earlier than its appearance at Tikal at A.D. 292. The low-relief carvings from Monte Albán known as *Danzantes* may show dead captives sometimes associated with glyphs which may be names from the Sacred Round. This form of monument is at least as old as the Rosario Phase in the Valley of Oaxaca (see note 8). Glyphic references to conquest, including place names and dates, occur at Monte Albán after A.D. 300.

62. I refer here to the recent amendments to the "historical hypothesis" of Classic Maya texts that were proposed by Proskouriakoff in 1960, building upon ideas expressed earlier by Morley (1915) and Berlin (1958).

63. C. Millon (1973) and T. Barthel (1982) have suggested that texts do exist at Teotihuacán and cite examples of "glyphs" in the murals. I acknowledge the glyph-like quality of the forms they cite, but I do not think that the examples cited constitute evidence for the existence of writing at Teotihuacán. Marcus (1976b) also questions the notion that Teotihuacán had a system for writing.

64. See Marcus (1976b) for a discussion of Zapotec writing and its relationship with the Maya system.

65. Linda Schele has recently proposed that there exists an earlier Lowland Maya stela than Stela 29. Known as the Hauberg Stela, Schele reads a dedicatory date on this carving of 8.8.??? (personal communication 1983). If this stela does indeed bear an earlier date than Tikal Stela 29, it is perhaps significant that it is relatively small (84 cm. high), forming a particularly private and discrete text.

66. C. Jones (personal communication 1983) sees little evidence for the "Jaguar Paw lineage," emphasizing that there are no parentage or emblem glyphs until the later Stela 31; Stela 29 is linked to Jaguar Paw by date alone.

67. See Berlin 1958 for the original discussion of "emblem glyphs."

68. While most Tikal stelae are now in open spaces, the original placement of these monuments is not known. It is probable that most have been moved at least once. Tikal stelae with their original locations archaeologically secure were situated in what by the Late Classic were enclosed settings or were at the base of pyramidal based structures on supporting platforms permitting limited access, such as Temple VI.

69. The 5D-22 locus was rebuilt a total of six times; the 5D-33 locus a total of three times.

70. See note 68.

71. See note 12.

72. An Initial Series date does occur in Group 3D-1, on the altar paired with Stela 30. It is perhaps significant that it is the earliest twin-pyramid group of Tikal (9.13.0.0.0), marking the end of the hiatus in stela erection.

73. Christopher Jones (1979) has proposed that the economic basis for both Early and Late Classic Tikal's florescence was a result of its fortuitous geographical position on a trade route across the base of the Yucatán Peninsula.

yax, indicando que la escritura del Período Clásico ya existía en el Petén Central tan temprano como el año 50 d.C. (Schele 1982). Dada la evidencia, la asociación de las estelas con los textos no se puede datar antes de su aparecimiento en Tikal en el año 292 d.C. Los Danzantes de Monte Albán muestran cautivos muertos asociados con glifos que pueden ser nombres de la Rueda Sagrada. Este tipo de monumento es por lo menos tan antiguo como la Fase Rosario en el Valle de Oaxaca (véase nota 8). Referencias a conquistas, incluyendo nombres de lugares y fechas, aparecen en Monte Albán después del 300 d.C.

62. *Aquí me refiero a las recientes enmiendas a la "hipótesis histórica" de textos mayas clásicos que propuso Proskouriakoff en 1960, basado en ideas expresadas anteriormente por Morley (1915) y Berlin (1958).*

63. *Clara Millon (1973) y T. Barthel (1982) han sugerido que existen textos en Teotihuacán y citan ejemplos de "glifos" en los murales. Reconozco que las formas que ellos citan se asemejan a glifos, pero no creo que los ejemplos citados constituyan evidencia suficiente para sugerir la existencia de la escritura en Teotihuacán. Marcus (1976b) también duda que en Teotihuacán existiera un sistema de escritura.*

64. *Véase Marcus (1976b) para una evaluación de la escritura zapoteca y su relación con el sistema maya.*

65. *Recientemente Linda Schele ha propuesto que existe una estela en las tierras bajas mayas aún más antigua que la Estela 29. Conocida como la Estela Hauberg, Schele (comunicación personal 1983) lee en ella una fecha dedicatoria de 8.8.???. Si esta estela realmente lleva una fecha más temprana que la Estela 29 de Tikal, quizás es significativo que ésta es relativamente pequeña (84 cm. de altura), formando un texto particularmente privado y discreto.*

66. *Jones (comunicación personal, 1983) ve poca evidencia para un "linaje de Jaguar Paw", notando que no existen glifos de parentezco o emblemas hasta la tardía Estela 31. La Estela 29 se liga a Jaguar Paw solamente por la fecha.*

67. *Véase Berlin (1958) para la discusión original de "glifos emblemas".*

68. *Aunque ahora la mayoría de las estelas de Tikal se encuentran en espacios abiertos, se ignora su ubicación original. Es probable que la mayoría de estas estelas se movieron por lo menos una vez. Estelas con su ubicación original arqueológicamente asegurada, están situadas en lo que durante el Clásico Tardío eran espacios encerrados; o se encontraban en plataformas que sostenían estructuras piramidales, permitiendo acceso limitado (como el Templo VI).*

69. *Se reconstruyó la localización de 5D-22 un total de seis veces, la de 5D-33 un total de tres veces.*

70. *Véase nota número 68.*

71. *Véase nota número 12.*

72. *Una fecha de la Serie Inicial aparece en el altar apareado con la Estela 30 del Grupo 3D-1. Quizás es significativo que éste es el más antiguo de los Complejos de Pirámides-gemelas (9.13.0.0.0) que marcan el final del hiato de la construcción de estelas.*

73. *Christopher Jones (1979) sostiene que la base económica para la florescencia de Tikal en el Clásico Temprano y el Clásico Tardío fue el resultado de su fortuita posición geográfica en la ruta de comercio que atravesaba la base de la Península de Yucatan.*

APPENDIX: A SUMMARY OF ANCIENT MAYA CULTURAL DEVELOPMENT

Robert J. Sharer

The splendors of ancient Maya civilization, such as those displayed in the present volume and exhibition, have long fascinated scholars and layman alike. This civilization flourished in what is now southeastern Mexico and northwestern Central America, within a setting of considerable size (some 325,000 square kilometers) and environmental diversity, ranging from tropical lowlands to subtropical and temperate highlands.

The course of Maya civilization during Precolumbian times can be traced from archaeological evidence over a span of at least 2000 years. This interval corresponds to the latter portion of the Preclassic era (the Late and Terminal Preclassic, ca. 500 B.C.–A.D. 300), and all of the Classic (ca. A.D. 300–900) and Postclassic (ca. 900–1500) periods.

The earliest signs of the development of many of the traits that would later characterize Classic Maya civilization have been found in the southern portion of the Maya area, at Preclassic sites along the Pacific coastal lowlands and in the highlands of Chiapas, Guatemala, and El Salvador. Here are found the first examples of stone monuments carved in a Maya style, some complete with glyphic and calendrical texts, dating to the Late and Terminal Preclassic. At the end of the Preclassic, or roughly between A.D. 200–300, this precocious southern development declined for reasons still not entirely clear. The southeastern portion of the region was devastated in ca. A.D. 250 by a volcanic eruption (by Ilopango, located in central El Salvador) of unusually large proportions, and many scholars hold that the consequent economic and social displacements (severing of trade routes, migrations of refugees, etc.) triggered the southern Maya decline.

But other major roots of Classic Maya civilization can be found in the lowland area itself. The site of El Mirador, located near the heart of this region (in what is now extreme northern Guatemala) rose to prominence in the Late and Terminal Preclassic. No hieroglyphic or calendrical texts have yet been found there, but there are monuments carved in an early Maya style. As in early Tikal, huge stucco masks of what Miller in the preceding text refers to as the gods of cyclical time adorned the temple substructures. Most significantly, however, in its heyday El Mirador was the largest of all Maya sites, rivaling the largest site of the later Classic Period, Tikal, in the extent of its civic and ceremonial constructions. Most astounding is that several of El Mirador's largest temple pyramids dwarf all known later Maya constructions of Tikal or else-

APÉNDICE: UN RESUMEN DEL DESARROLLO DE LA CULTURA MAYA

Robert J. Sharer

Por mucho tiempo los esplendores de la civilización maya, como ésos desplegados en el presente volumen y exhibición, han fascinado a los eruditos y a los laicos. Esta civilización floreció en lo que ahora se conoce como el sureste de México y el noroeste de América Central, dentro de una área de considerable tamaño (unos 325,000 kilómetros cuadrados) y diversidad ambiental—extendiéndose desde las tierras bajas tropicales hasta las tierras altas templadas.

El trayecto de la civilización maya precolombina se puede trazar por evidencias arqueológicas a través de unos 2,000 años. Este período corresponde al final de la era Preclásica (Preclásica Tardía y Final, 500 a.C.–300 d.C.), toda la Clásica (300–900 d.C.) y la Postclásica (900–1500 d.C.).

Las trazas más tempranas del desarrollo de muchos de los razgos que después caracterizarían la civilización maya del Período Clásico se han encontrado en la sección sur de la región maya, en sitios preclásicos a lo largo de la costa Pacífica y en las tierras altas de Chiapas, Guatemala y El Salvador. Aquí se encuentran los primeros ejemplos de monumentos de piedra tallados al estilo maya, algunos acabados con glifos y textos calendáricos que datan a los períodos Preclásico Tardío y Final. Al final del Preclásico—probablemente entre los años 200 y 300 d.C.—este desarrollo precoz del sur declinó por razones que todavía se ignoran. La sección sudeste de la región fue devastada cerca del año 250 d.C. por una gran erupción volcánica (el volcán Ilopango, situado en el centro de El Salvador). Muchos académicos sostienen que las consecuencias económicas y desplazamiento social (rompiendo las rutas de comercio, migración de refugiados, etc.) ocasionados por este evento apresuraron la caída de los mayas del sur.

Pero también se pueden encontrar raíces importantes de la civilización maya clásica dentro de las mismas tierras bajas. El sitio arqueológico de El Mirador, situado cerca del corazón de esta región (lo que ahora es el extremo norte de Guatemala) llegó a sobresalir en el Preclásico Tardío y Final. Todavía no se han encontrado ahí glifos o textos calendáricos, pero hay monumentos esculpidos en un estilo maya temprano. Como en Tikal en el Clásico Tem-

where in the lowlands. The evidence indicates that El Mirador—together with several smaller lowland centers—suffered a severe setback at the end of the Preclassic era, or about the same time as the southern area declined, and the two processes may be related.

The subsequent Classic Period in the lowlands, dominated by the greatest of Classic era centers, Tikal, represents the most spectacular episode of Maya civilization. Occupation of this area reached its highest levels in both extent and density, supported by the intensification of agricultural production and economic exchange networks. But the most diagnostic attributes of Classic civilization derive from a sophisticated elite culture that transcended the many ecological, social and political subdivisions of the lowlands. This can be seen in patterns of site planning and styles of masonry architecture used for elite residences, funerary shrines and tombs, along with public works such as temples, causeways, and ball courts constructed under elite direction. It also can be seen in the great works of art produced to reinforce the authority of the rulers and glorify their accomplishments —stone sculpture on monuments and architectural reliefs, and painted frescos—and in a host of status goods of jade, shell, pottery, wood and other materials that were reserved for elite use and often buried in their tombs. Finally, and perhaps most importantly, aspects of elite culture are now being transmitted down to us today through the decipherment of their own writings carved on monuments, buildings and portable objects.

This most conspicuous and best documented episode of Maya civilization experienced a dramatic collapse at the end of the Classic era, constituting, undoubtedly, the most profound setback in the course of Precolumbian Maya development. Even the areas beyond the immediate focus of the collapse, Maya society appears to have been transformed. The most profound consequence of the Classic collapse was the near complete depopulation of much of the central lowlands. During a span of less than 200 years, roughly 90 percent of the population in this region disappeared. Most scholars conclude that there was a migration to the north, based on the evidence for renewed and expanded activity in Yucatan at about this time. Others have postulated catastrophic destruction of the Classic lowland population from disease, starvation, warfare, or even natural disasters. Miller argues here that the collapse may have been precipitated by a conservative reaction to revolutionary Late Classic Dynastic rule. Regardless, this demographic shift and the demise of the manifestations of elite culture are the major symptoms of the Classic collapse visible in the archaeological record.

But as profound as the Classic collapse was, we must remember that the overall course of Maya civilization did not end in the 9th century. In fact, as the central lowland centers were rapidly declining, a cultural florescence was just beginning to the north, in the Puuc region of Yucatan. Further episodes of advance and decline can be seen

prano, enormes mascarones, a lo que Miller en su ensayo se refiere como los dioses del tiempo cíclico, adornan las subestructuras del templo. Lo que es más significativo, sin embargo, es que en su apogéo El Mirador fue el más grande de todos los centros mayas; aún más vasto que el centro ceremonial mayor del Período Clásico, Tikal, en cuanto a sus construcciones cívicas y ceremoniales. Lo más sorprendente es que varias de las pirámides masivas de El Mirador empequeñecen a todas las conocidas construcciones maya en Tikal y otros lugares en las tierras bajas. La evidencia indica que El Mirador— junto con varios otros centros más pequeños de las tierras bajas—sufrió un revés severo al final de la era Preclásica, o cerca del mismo tiempo en que la área del sur decayó. Posiblemente los dos procesos están relacionados.

La era Clásica fue la época más espectacular de la civilización maya. Las tierras bajas en el Período Clásico estaban dominadas por Tikal, el centro más extenso de la época. La ocupación de las tierras bajas alcanzó su apogéo en extensión geográfica y densidad durante el Período Clásico y fue apoyado por una intensificación de producción agrícola y comercio de larga distancia. Pero los atributos más diagnósticos de los mayas clásicos vienen de una sofisticada cultura aristocrática que sobrepasa las subdivisiones ecológicas, sociales y políticas de las tierras bajas. Este hecho se puede ver en la planificación de los centros y en los estilos de arquitectura usados para las residencias de la élite de la sociedad, capillas funerarias y tumbas, junto con obras públicas como templos, calzadas elevadas, y canchas para el juego de pelota. Todo se construyó bajo la dirección de la clase dirigente. También se puede observar en las grandes obras de arte producidas para reforzar la autoridad de los gobernantes y glorificar sus logros—escultura monumental hecha en piedra, relieves arquitecturales, frescos pintados —y en una multitud de bienes hechos de jade, concha, cerámica, madera, y otros materiales reservados para el uso exclusivo de los más selectos y frecuentemente enterrados con ellos en sus tumbas, indicativos de rango y riqueza. Finalmente, y quizás lo más importante, varios aspectos de la cultura aristocrática están transmitiéndose a nosotros a través del descifre de la escritura maya tallada en monumentos, edificios, y objetos portátiles.

La época más notable y mejor documentada de la civilización maya sufrió un colapso dramático al final de la era Clásica, el cual constituyó, indudablemente, el revés más profundo en el trayecto del desarrollo precolombino maya. Aun en áreas más allá del enfoque inmediato del colapso, la sociedad maya también fue transformada. La consecuencia más grande del colapso clásico fue la casi total despoblación de la mayor parte de las tierras bajas. En

in the Postclassic archaeological records of Yucatan and the highlands of Guatemala. We must also bear in mind that the long evolution of Maya culture was not solely an internal process, for the effects of outside influences are also evident, beginning with a series of incursions from Mexico to the west in both the Classic and Postclassic eras, and culminating in the 16th century Spanish Conquest. But the Maya survived this devastating conquest and the resulting decimation of their population from disease and warfare; the destruction of most of their economic, political and religious institutions; and the loss of much of their writing, calendrical, mathematical, and astrological knowledge. In the 400 years that have followed, the Maya have managed to preserve their ethnic identity together with their language, and much of their family, community, and ideological traditions.

menos de 200 años aproximadamente el 90% de la población de la región desapareció. Muchos eruditos concluyen que hubo una migración hacia el norte, basado en evidencia de renovada y extendida actividad que ocurrió contemporáneamente en Yucatán. Otros han postulado una destrucción catastrófica de la población clásica de las tierras bajas por epidemias, el hambre, la guerra, y hasta por desastres naturales. Miller sostiene que el colapso pudo haber sido precipitado por una reacción conservativa a la soberanía dinástica revolucionaria del Clásico Tardío. Sin embargo, este movimiento demográfico y la defunción de las manifestaciones de la cultura de la aristocracia son los síntomas más visibles en la crónica arqueológica de la caída del Período Clásico.

Aunque el colapso clásico fue profundo, deberíamos de recordar que el trayecto total de la civilización maya no terminó en el siglo IX. En efecto, mientras que los pueblos centrales de las tierras bajas declinaron rápidamente, una florescencia cultural apenas estaba comenzando en el norte, en la región Puuc de Yucatán. Se pueden ver episodios de progreso y declinación adicionales en la crónica arqueológica de Yucatán y en las tierras altas de Guatemala. También tenemos que tener en mente que la larga evolución de la cultura maya no fue solamente un proceso interno, ya que los efectos de influencias exteriores son evidentes, empezando con una serie de incursiones desde México en las eras Clásica y Postclásica. Este proceso de influencia exterior culminó en el siglo XVI con la conquista española. Pero los mayas sobrevivieron esta conquista devastadora y la decimación de la población por enfermedades y guerra; la destrucción de la mayoría de sus instituciones económicas, políticas y religiosas; y la pérdida de mucha de su propia escritura y conocimiento astronómico, matemático y calendárico. En los 400 años que han pasado, los mayas han encontrado una manera de preservar su identidad étnica junto con su lenguaje y la mayoría de sus tradiciones comunales, ideológicas y de la familia.

BIBLIOGRAPHY

Barthel, Thomas S.
1982 Veritable "Texts" in Teotihuacan Art? *The Masterkey,* 4–12. Los Angeles: Southwestern Museum.

Becker, Ernest
1973 *The Denial of Death.* New York: The Free Press.

Becker, Marshall Joseph
1983 Kings and Classicism: Political Change in the Maya Lowlands During the Classic Period. In *Highland-Lowland Interaction in Mesoamerica: Interdisciplinary Approaches,* ed. Arthur G. Miller. Washington, D.C.: Dumbarton Oaks, Trustees for Harvard University.

Benavides Castillo, Antonio
1981 *El sistema de comunicaciones terrestres en la región de Cobá, Quintana Roo, y sus implicaciones sociales.* México, D. F.: Instituto Nacional de Antropología e Historia.

Berlin, Heinrich
1958 El glifo "emblema" en las inscripciones Mayas. *Journal de la Société des Américanistes* n.s. 7: 111–119.

1967 The Destruction of Structure 5D-33-1st at Tikal. *American Antiquity* 32: 241–242.

Bloch, Maurice, and Jonathan Parry, eds.
1982 *Death and the Regeneration of Life.* Cambridge: Cambridge University Press.

Carr, Robert F., and James E. Hazard
1961 Map of the Ruins of Tikal, El Peten, Guatemala. *Tikal Report No. 11.* Philadelphia: The University Museum, University of Pennsylvania.

Clancy, Flora
n.d. A Formal Analysis of the Relief Carved Monuments at Tikal, Guatemala. Ph.D. diss., Yale University.

Coe, Michael D.
1973 *The Maya Scribe and His World.* New York: Grolier Club.

1975 *Classic Maya Pottery at Dumbarton Oaks.* Washington D.C.: Dumbarton Oaks.

1978 *Lords of the Underworld.* Princeton: Princeton University Press.

Coe, William R.
1967 *Tikal: A Handbook of the Ancient Maya Ruins.* Philadelphia: The University Museum, University of Pennsylvania. (Spanish version, 1971, Asociación Tikal, Guatemala.)

n.d. *Excavations in the Great Plaza, North Terrace, and North Acropolis at Tikal.* Tikal Report No. 14. Forthcoming.

Coe William R., Edwin M. Shook, and Linton Satterthwaite
1961 The Carved Wooden Lintels of Tikal. No. 6 in *Tikal Reports Nos. 5–10.* Philadelphia: The University Museum, University of Pennsylvania.

Coggins, Clemency C.
1975 *Painting and Drawing Styles at Tikal: An Historical Iconographic Reconstruction.* Ann Arbor, Mich.: University Microfilms.

1979 A New Order and the Role of the Calendar: Some Characteristics of the Middle Classic Period at Tikal. In *Maya Archaeology and Ethnohistory,* 38–50. Austin: University of Texas Press.

1980 The Shape of Time: Some Political Implications of a Four-Part Figure. *American Antiquity* 45: 727–39.

1983 *The Stucco Decoration and Architectural Assemblage of Structure 1-Sub, Dzibilchaltun, Yucatan, Mexico.* Middle American Research Institute Publication 49. New Orleans: Tulane University.

Edmonson, Munro S.
1971 *The Book of Counsel: The Popol Vuh of the Quiche Maya of Guatemala.* Middle American Research Institute Publication 35. New Orleans: Tulane University.

1982 *Ancient Future of the Itza. The Book of Chilam Balam of Tizimin.* Austin: University of Texas Press.

Evans-Pritchard, E. E.
1948 *The Divine Kingship of the Shilluk of the Nilotic Sudan.* Cambridge: Cambridge University Press.

Feeley-Harnik, Gillian
1985 Issues in Divine Kingship. *Annual Review of Anthropology* 14:273–313.

Firth, R.
1936 *We, the Tikopia: A Sociological Study of Kinship in Primitive Polynesia.* London: George Allen & Unwin Ltd.

Flannery, Kent V., and Joyce Marcus
1983 The Growth of Site Hierarchies in the Valley of Oaxaca: Part 1. In *The Cloud People,* ed. Kent V. Flannery and Joyce Marcus. New York: Academic Press.

Frazer, J. G.
1890 *The Golden Bough.* London: Macmillan.

Freidel, David A.
1979a World Image and World View: The Structural Foundations of Lowland Maya Civilization. Paper presented at the 43d International Congress of Americanists, Vancouver.

1979b Cultural Areas and Interaction Spheres: Contrasting Approaches to the Emergence of Civilization in the Maya Lowlands. *American Antiquity* 44:36–54.

Freidel, David and Linda Schele
n.d. Structural Transformation and Lowland Maya Evolution. Unpublished ms.

Guillemin, George F.
1968 Development and Function of the Tikal Ceremonial Center. *Ethnos* 33:1–39.

Haviland, William A.
1970 Tikal, Guatemala, and Mesoamerican Urbanism. *World Archaeology:* 186–198.

Jones, Christopher
1969 *The Twin Pyramid Group Pattern: A Classic Maya Architectural Assemblage at Tikal, Guatemala.* Ann Arbor: University Microfilms.

1977 Inauguration Dates of Three Late Classic Rulers of Tikal, Guatemala. *American Antiquity* 42: 28–60.

1979 Tikal as a Trading Center: Why It Rose and Fell. Paper presented at the 43d International Congress of Americanists, Vancouver.

1984 *Deciphering Maya Hieroglyphs.* Philadelphia: The University Museum, University of Pennsylvania.

Jones, Christopher, and Linton Satterthwaite
1982 *The Monuments and Inscriptions of Tikal: The Carved Monuments.* Tikal Report No. 33A. Philadelphia: The University Museum, University of Pennsylvania.

Kelley, D. H.
1976 *Deciphering the Maya Script.* Austin: University of Texas Press.

Knorozov, Yurii
1982 *Maya Hieroglyphic Codices.* Trans. S. D. Coe. Institute for Mesoamerican Studies Publication No. 8. State University of New York at Albany.

Kubler, George
1975 The Double-Portrait Lintels at Tikal. In *Actas del XXII Congreso Internacional de Historia del Arte,* Vol. 1:165–175. Granada.

Leach, E. R.
1961 Two Essays Concerning the Symbolic Representation of Time, In *Rethinking Anthropology,* ed. E. R. Leach. London: Athlone Press.

Lind, Michael, and Javier Urcid
1983 The Lords of Lambityeco and Their Nearest Neighbors. *Notas Mesoamericanas* 9:78–111.

Marcus, Joyce
1983 Zapotec Writing. In *The Cloud People,* ed. Kent V. Flannery and Joyce Marcus. New York: Academic Press.

1976a *Emblem and State in the Classic Maya Lowlands: An Epigraphic Approach to Territorial Organization.* Washington, D.C.: Dumbarton Oaks, Trustees for Harvard University.

1976b The Origins of Early Mesoamerican Writing. *Annual Review of Anthropology* 5:35–67.

Maudslay, Alfred P.
1889– *Biologia Centrali-Americana; or, Contributions*
1902 *to the Knowledge of the Fauna and Flora of Mexico and Central America. Archaeology.* Reprint. New York: Milpatron Publishing Corp., 1974. Distributed in U.S. by University of Oklahoma Press, Norman.

Miles, S. W.
1965 Sculpture of the Guatemala-Chiapas Highlands and Pacific Slopes and Associated Hieroglyphs. In *Handbook of Middle American Indians,* vol. 2, 237–275. Austin: University of Texas Press.

Miller, Arthur G.
1973 *The Mural Painting of Teotihuacan.* Washington, D.C.: Dumbarton Oaks, Trustees for Harvard University.

1974 The Iconography of the Painting in the Temple of the Diving God, Tulum, Quintana Roo: The Twisted Cords. In *New Approaches in Mesoamerican Archaeology,* 167–86. London: Duckworth.

1975 Architectural Sculpture at Tikal, Guatemala: The Roof-Comb Sculpture on Temple I and IV. In *Actas del XXII Congreso Internacional de Historia del Arte.* Vol. 1, 177–83. Granada.

1978 A Brief Outline of the Artistic Evidence for Classic Period Cultural Contact Between Maya Lowlands and Central Mexican Highlands. In *Middle Classic Mesoamerica: A.D. 400–700,* ed. Esther Pasztory, 63–70. New York: Columbia University Press.

1983a Image and Text in Pre-Hispanic Art: Apples and Oranges. In *Text and Image in Pre-Columbian Art: Essays in the Interrelationship of the Verbal and Visual Arts,* ed. Janet Catherine Berlo. British Archaeological Review Series 180. Oxford.

1983b The Communication of Power among the Lowland Maya: Images and Texts. Paper prepared for a symposium "Artifacts and Symbols of Maya Culture" held at the American Anthropological Association Meetings in Chicago, Nov. 19.

Millon, Clara
1973 Painting, Writing, and Polity in Teotihuacan, Mexico. *American Antiquity* 38:294–314.

Morley, Sylvanus
1915 *An Introduction to the Study of the Maya Hieroglyphs.* Bureau of American Ethnology Bulletin 57. Washington, D.C. Reprint. Dover Books, 1975.

Panofsky, Erwin
1955 *Meaning in the Visual Arts.* Garden City, New York: Doubleday.

Proskouriakoff, Tatiana
1960 Historical Implications of a Pattern of Dates at Piedras Negras, Guatemala. *American Antiquity* 25:454–475.

Rainey, Froelich, Alfred Kidder II, Linton Satterthwaite, and William R. Coe
1967 Reply to Berlin. *American Antiquity.* 32:242–244.

Recinos, Adrián, Delia Goetz, and Sylvanus G. Morley
1950 *Popol Vuh, The Sacred Book of the Ancient Quiché Maya.* Norman: University of Oklahoma Press.

Satterthwaite, Linton
1965 Calendrics of the Maya Lowlands. In *Handbook of Middle American Indians,* vol. 3, 603–31. Austin: University of Texas Press.

Schele, Linda
1982 *Maya Glyphs The Verbs.* Austin: University of Texas Press.

Tambiah, S. J.
1968 The Magical Power of Words. *Man,* 3:175–208.

Thompson, J. Eric S.
1960 *Maya Hieroglyphic Writing: An Introduction.* Carnegie Institution of Washington Publication 589. Washington, D.C.

1967 A Third-Party Comment. *American Antiquity.* 32:244.

1970 *Maya History and Religion.* Norman: University of Oklahoma Press.

1972 *A Commentary on the Dresden Codex.* American Philosophical Society Memoir. Philadelphia.

Tozzer, Alfred M.
1941 *Landa's Relacion de las Cosas de Yucatan.* Papers of the Peabody Museum of American Archaeology and Ethnology, Harvard University. Vol. XVIII. Cambridge, Mass.

Trik, Aubrey S.
1963 The Splendid Tomb of Temple I at Tikal, Guatemala. *Expedition* 6(1):36–47.

Van Gennep, Arnold
1960 *The Rites of Passage.* Reprint Chicago: The University of Chicago Press, 1972.